কেয়াফুলের মঞ্জরী

আখতারুন্নম মণির

pencil

ISBN 978-93-5458-915-7
© Akhtarum Manir 2021
Published in India 2021 by Pencil

A brand of
One Point Six Technologies Pvt. Ltd.
123, Building J2, Shram Seva Premises,
Wadala Truck Terminal, Wadala (E)
Mumbai 400037, Maharashtra, INDIA
E connect@thepencilapp.com
W www.thepencilapp.com

DISCLAIMER: *The opinions expressed in this book are those of the authors and do not purport to reflect the views of the Publisher.*

Author biography

আখতারুন মণির:-

জন্ম ১৯৪০ খ্রীস্টাব্দের ১৬ ই ফেব্রুয়ারি বর্ধমান জেলার মেমারী থানার অন্তর্গত কাঁঠালগাছি গ্রামে।পিতা - মরহুম সৈয়দ হাফিজুল্লা ও মাতা মরহুম আকেলা খাতুন।পিতা ও মাতা উভয় কুলই ছিলো প্রাক স্বাধীনতা যুগের সুশিক্ষিত ও সম্ভ্রান্ত মুসলিম বংশোদ্ভূত। তিন বোনের মধ্যে আখতারুন মণির সর্বকনিষ্ঠা। সেইযুগে যখন ভারত উপমহাদেশ ছিলো নারীশিক্ষা ও নারী স্বাধীনতার ব্যাপারে চূড়ান্ত অনগ্রসর, তখন মাতা আকেলা খাতুনের ঐকান্তিক প্রচেষ্টা ও আগ্রহে,পারিপার্শ্বিক সব রকম প্রতিবন্ধকতার সঙ্গে আপ্রাণ লড়াই করে তারা তিন বোনই গ্র্যাজুয়েশেন কমপ্লিট করতে সমর্থ হন।পরে আখতারুন মণির ইংলিশে অনার্স নিয়ে পড়াশোনা করেন।তিনি পরবর্তীকালে পার্শ্ববর্তী অনুন্নত এলাকার বিভিন্ন স্কুল,যথা ইটেচুনার ভিটাসিন ও নিজগ্রামের কোলেপাড়া কাঁঠালগাছি হাইস্কুলে দীর্ঘদিন বিনামূল্যে শিক্ষকতার পরিসেবা প্রদান করেন।এছাড়াও অল্পবয়সে পতি বিয়োগের পর তিনি শ্বশুরবাড়ি সিউড়ীর নিকটস্থ

সাঁইথিয়া অভেদানন্দ কলেজে বেশ কয়েক বছর করনিকের কাজও করেন।

CONTENTS

কেয়াফুলের মঞ্জরী......6

কেয়াফুলের মঞ্জরী

কেয়াফুলের মঞ্জরী

আখতারুম মণির

প্রচ্ছদ:- আখতারুম মণির

সমস্ত রকম এডিটিং পি'ডি,এফ পেজ পি'ডি,এফ ফাইল মেকার

স্ব-বাক প্রকাশনী

E-mail- bananipatra200@gmail.com

Phone no -9143098660

উৎসর্গ:-

আমি,আমার মা মরহুমা আকেলা খাতুনের পবিত্র স্মৃতিতে আমার ," কেয়াফুলের মঞ্জরী" বইটি শ্রদ্ধার্ঘ স্বরূপ অর্পণ করলাম।যাঁর অক্লান্ত, অবিরত ও ঐকান্তিক প্রচেষ্টা, উৎসাহদান ও অনুপ্রেরণায় আমি ও আমার দুই দিদি পারিপার্শ্বিক সকল প্রকার বাধা বিঘ্ন ও প্রতিকূলতাকে উপেক্ষা ও জয় করে উচ্চশিক্ষা লাভ করতে সক্ষম হই।এমন একটা সময়ে যখন দীর্ঘ স্বাধীনতা সংগ্রামে ক্লিষ্ট, ক্লান্ত ও বিপযর্স্ত সমগ্র ভারতবর্ষ তথা বাঙলার সমাজব্যবস্থা নারীশিক্ষা ও নারীস্বাধীনতা লাভের ক্ষেত্রে চরম অনগ্রসর ও অনিশ্চয়তার অন্ধকারে নিমজ্জিত ছিলো।তাই,তাঁর সেই ঋণ আমি কোনোদিনও পরিশোধ করতে পারবো না।তাঁর পদকমলে আমার এই যৎসামান্য নিবেদন করেই জীবনের সার্থকতা লাভের অসীম আনন্দটুকু পেতে চাই। আজ তিনি জীবিত থাকলে যে কি পরিমাণ খুশি হতেন,তা আর বলার অপেক্ষা রাখে না।পরম করুণাময়ের কাছে তাঁর আত্মার চিরশান্তি ও স্বর্গবাস কামনা করি।

মুখবন্ধ:-

আমার মা আখতারুন্নেসা মণিরের জন্ম একটি সম্ভ্রান্ত ও সুশিক্ষিত মুসলিম জমিদার তথা তালুকদার বংশে।

তাঁর মাতৃকুলের পুরুষ সদস্যগণও ছিলেন তদনিন্তন ব্রিটিশ সরকারের ও বর্ধমানের তৎকালীন রাজপরিবারের উচ্চপদস্থ রাজকর্মচারী,উকিল,জজ,ব্যারিস্টার,   পুলিশকর্মী,কলকাতার মেয়র ইত্যাদি বিভিন্ন পদে সমাসীন।

আমার মায়ের দুটি ডাক নাম ছিলো।কেয়া ও কেকা। "কেয়াফুলের মঞ্জরী" তাঁরই দীর্ঘ অষ্টাদশ বছরের ঘটনাবহুল জীবনের বিক্ষিপ্ত কিছু ছোট ছোট ঘটনার স্মৃতিচারণ। এছাড়াও প্রাকস্বাধীনতা আমলের স্বনামধন্য ও আভিজাত্যপূর্ণ দুটি মুসলিম পরিবারের (তাঁর পিতৃ ও মাতৃকুলের) কিছু ছড়ানো ছিটানো ইতিহাস।এবং সর্বোপরি তাঁর রোগ জর্জরিত, অশক্ত শরীরের মধ্যে বাসা বেঁধে থাকা অজীর্ণ ও অমলিন একটি মননের অবসরকালীন কিছু প্রলাপ,বিলাপ ও আনন্দোচ্ছ্বাসের বহিঃপ্রকাশ বা প্রতিলিপি।প্রাকস্বাধীনতা তথা ব্রিটিশ-শাসন আমলে ভারতবর্ষের সেই অবিভক্ত বাংলায় যখন সমাজব্যবস্থা ছিলো নারীশিক্ষা ও নারীস্বাধীনতায় ভীষণই অনগ্রসর।তখন যোগাযোগ ব্যবস্থার চরম অব্যবস্থা সম্বলিত প্রত্যন্ত একটি গ্রামে বাস করা সত্ত্বেও,কিভাবে আমার মায়েরা তিনবোন, পারিপার্শ্বিক সকল প্রতিকূলতাকে উপেক্ষা ও পরাজিত করে স্নাতক ডিগ্রী পর্যন্ত উচ্চশিক্ষা লাভ করতে

সক্ষম হয়েছিলো,ভাবলে সত্যি অবাক লাগে! এটা সম্ভব হয়েছিলো তাঁদের মাতা, আকেলা খাতুনের এক দৃঢ়প্রতিজ্ঞ মানসিকতার উদ্যম,উৎসাহ ও ঐকান্তিক প্রচেষ্টায়।

সেই অধ্যাবসায়ের নজির এখনও আমার মায়ের চরিত্রে যে বহাল তবিয়তে বিদ্যমান,সে কথা তাঁর ফেসবুকে, অত্যন্ত পটুতার সঙ্গে ও নিখুঁতভাবে মোবাইলে বাঙলা টাইপ করে পোস্ট করা এবং বার্ধক্যজনিত ত্রুটিযুক্ত দৃষ্টিশক্তিকে উপেক্ষা করে এখনও রঙপেন্সিলে এঁকে চলা ছবিগুলি দেখলেই বোঝা যায়।

বিশেষ করে, বিভিন্ন সময়ে মায়ের কাছে শোনা গল্পগুলো ও মায়ের আদি বংশধরদের কিছুটা ইতিহাস (স্মৃতিশক্তির দুর্বলতা জনিত সামান্য কিছু প্রক্ষেপণের ভুলত্রুটি বাদ দিলে) সংরক্ষণের প্রয়োজনীয়তা উপলব্ধি করে, মায়ের লেখাগুলি নিয়ে একটি বই ছাপানোর তাগিদ অনুভব করি।সর্বোপরি, আমাদের পরবর্তী প্রজন্মের কাছে এটা একটি মূল্যবান নথী ও চরম গৌরবের একটি বস্তু বা অন্যতম গৌরবময় ঐতিহাসিক একটি দলিলও হতে পারবে বলে আমার মনে হয়েছে।

রাফিয়া সুলতানা

(কবি সাহিত্যিক,প্রাবন্ধিক ও গল্পকার)

আখতারুন মণির:-

জন্ম ১৯৪০ খ্রীস্টাব্দের ১৬ ই ফেব্রুয়ারি বর্ধমান জেলার মেমারী থানার অন্তর্গত কাঁঠালগাছি গ্রামে।পিতা - মরহুম সৈয়দ হাফিজুল্লা ও মাতা মরহুম আকেলা খাতুন।পিতা ও মাতা উভয় কুলই ছিলো প্রাক স্বাধীনতা যুগের সুশিক্ষিত ও সম্ভ্রান্ত মুসলিম বংশোদ্ভূত। তিন বোনের মধ্যে আখতারুন মণির সর্বকনিষ্ঠা। সেইযুগে যখন ভারত উপমহাদেশ ছিলো নারীশিক্ষা ও নারী স্বাধীনতার ব্যাপারে চূড়ান্ত অনগ্রসর, তখন মাতা আকেলা খাতুনের ঐকান্তিক প্রচেষ্টা ও আগ্রহে,পারিপার্শ্বিক সব রকম প্রতিবন্ধকতার সঙ্গে আপ্রাণ লড়াই করে তারা তিন বোনই গ্র্যাজুয়েশন কমপ্লিট করতে সমর্থ হন।পরে আখতারুন মণির ইংলিশে অনার্স নিয়ে পড়াশোনা করেন।তিনি পরবর্তীকালে পার্শ্ববর্তী অনুন্নত এলাকার বিভিন্ন স্কুল,যথা ইটেচুনার ভিটাসিন ও নিজগ্রামের কোলেপাড়া কাঁঠালগাছি হাইস্কুলে দীর্ঘদিন বিনামূল্যে শিক্ষকতার পরিসেবা প্রদান করেন।এছাড়াও অল্পবয়সে পতি বিয়োগের পর তিনি শ্বশুরবাড়ি সিউড়ীর নিকটস্থ সাঁইথিয়া অভেদানন্দ কলেজে বেশ কয়েক বছর করনিকের কাজও করেন।

সূচিপত্র

১.আমার সোনার কাঁঠালগাছি

২.আহা,কি মিষ্টি মধুর গন্ধ

৩.আমার পুরনো দিনের স্মৃতি

৪.আমার মা ও বাপের বংশ নামা

৫.আমার প্রিয় বন্ধু

৬.আমার জীবনী

৭.আনন্দ ধারা বহিছে

৮.গল্প হলেও মিথ্যা নয়

৯.গল্প হলেও সত্য (এক)

১০.গল্প হলেও সত্য(দুই)

১১.গল্প হলেও সত্য (তিন)

১২.স্বর্ণ যুগ

১৩.আমরা গড়বো নূতন দুনিয়া

১৪.স্কুল জীবনের সফলতা

১৫.আমরা বাঙ্গালী

১৬.ফড়িং ভায়ার কি আনন্দ

১৭.প্রিয় মাতৃভূমি কাঁঠাল গাছি

১৮.কালীঘাট

১৯.খন্নান ইটেচোনা মহাবিদ্যালয়

২০.ইসলাম মঞ্জিলের কথা

২১.পূর্ববঙ্গ থেকে

২২.আমাদের ঐতিহ্য পূর্ণ গ্রাম কাঁঠাল গাছি

২৩.ছবি হয়েই থেকো

২৪.ছোটবেলা

২৫.কঞ্চি বনাম বাঁশ

২৬.কি মনোরম প্রাকৃতিক দৃশ্য

২৭.ছেলেধরা

২৮.জয়নগরের মোয়া

২৯.জাতি

৩০.ছোট্ট শিশুর আক্ষেপ

৩১.জলের অপর নাম জীবন

৩২.জিন্দেগি

৩৩.কন্যারত্ন

৩৪.জিনিসের কদর

৩৫.আমার স্বামী

৩৬.ছোটবেলার গল্প

৩৭.জীবন খেয়া

৩৮.জীবন যেন অকেজো এক ঘোড়া

৩৯.ডাক বা আওয়াজ কি গান

৪০.জিন্দেগির জের

৪১.ঝগরুটে

৪২.জীবনের পরিণতি

৪৩.ডাক্তারের অবদান

৪৪.তুমি হবে সেরা

৪৫.দূর হোক জাতি বিদ্বেষ

৪৬.তুমি কেগো অতিথি এই রাতে

৪৭.দুয়ারের সরকার

৪৮.অসহ্য

৪৯.তোমরাই আমার একমাত্র

৫০.দেশ গড়ো

৫১.নদীর উত্তাল গতি আমি

৫২.নজরুল

৫৩.নবীদের কথা

৫৪.না চাইতে পানি

৫৫.দেবু যখন কটোর মটোর চিবোয়

৫৬.নেতাদের দলাদলি

৫৭.নারী সৃষ্টির অহংকার

৫৮.পণ্ডিত না আস্ত রাক্ষস

৫৯.পাকা আমের কি মাহাত্ম্য

৬০.পুষ্টির করি ফুষ্টি

৬১.কাঠের কি গুণাগুণ

৬২.অন্তিমশয্যা

৬৩.অবসান

৬৪.জটিল ধাঁধা

৬৫.একি নৃশংস হত্যাকাণ্ড

৬৬.আল্লার গড়া সুখ দুঃখের পৃথিবী

৬৭.এতিম প্রিয় কবি নজরুল ইসলাম

৬৮.প্রেম

৬৯.চাঁদ ও চন্দ্রা রাণীর মুখ

৭০.ফৌজদারি আমার বাগান

৭১.প্রশ্ন

৭২.বদ্ধঘরে

৭৩.বনের পাখি থাকে বনে

৭৪.ববীর আত্মকাহিনী

৭৫.বিচিত্র অভিজ্ঞতা

৭৬.বন্ধু কি তুমি

৭৭.বাঘ মামা আর শিয়াল রাজা

৭৮.মনের জোর

৭৯.বিদীর্ণ আমার হিয়া

৮০.ব্যবধান

৮১.বর্ধমানের বিখ্যাত ডাক্তার

৮২.বিভেদ ভোলো মাথা তোল

৮৩.আমি রবো আর কত

৮৪.বনে বসবাস কারি

৮৫.ভারত আমার ভারতবর্ষ

৮৬.বনের বিড়াল বনেই ভালো

৮৭.ভবিষ্যতে দেশের পরিণাম কি হতে চলেছে

৮৮.মর্মান্তিক পরিণতি

৮৯.ভালো মন্দ

৯০.মা ও মন

৯১.মাতৃত্বের বন্ধন

৯২.কালজয়ী

৯৩.মানুষের মত বাঁচো

৯৪.ভাষা গত ঘনিষ্ঠতা

৯৫.মুক্তদানার যতই মূল্য হোক

৯৬.যুদ্ধই তো খেলা

৯৭.মূল্যবান মতামত

৯৮.যশ

৯৯.মেয়ে তো ছিলাম না ছিলাম বড় যোদ্ধা

১০০.অমর সাথি আমার প্রিয় মৃত্যু

১০১.মোতীর গতি

১০২.রমজান মাস

১০৩.লড়াইতো জীবন

১০৪.শিশু শিল্পী

১০৫.লতা ও গাছ

১০৬.শুখানো নদী

১০৭.সাপ তো সকলেই দেখেছো

১০৮.হানাহানী

১০৯.শুরু কেমন শেষ কোথায়

১১০.সম্পর্ক

১১১.শূন্য এ বুক আমার

১১২.হলদে গুড়ি বৌ কথা কও পাখি

১১৩.শ্রেষ্ঠত্ব

১১৪.সত্যিই কি সুখি

১১৫.সহনশীলতা

১১৬.সূর্যমুখী

১১৭.সাংসারিক জীবন

১১৮.স্পর্শ কাতর

১১৯.শেষ কথাটি মোর যাও ওগো শুনে

১২০.শেষ যাত্রা মরণ যাত্রা

১২১পুরনো স্মৃতি

১২২.হে আমার সৃষ্টি কর্তা

১) আমার সোনার কাঁঠালগাছি

প্রভাতে হয় সূর্য উদয় সন্ধ্যায় ডুবে যাওয়া

সূর্যের দৃশ্য মনোহর।

এই দৃশ্যই দেখিতে মানুষের ঢল নামে

সারা দুনিয়া ভর

আমার সোনার কাঁঠালগাছি গ্রাম

তুমি কেমন আছো ভাই

আমি,ভালো থেকেও মোটেই

ভালো নাই।

পরম প্রিয় ছিলে তুমি

আজ কাছে নাই

থাকা আর ছাড়া

আছে আর নাই

এই নিয়েই তো জীবন মরণ

এই নিয়েই তো

শেষ হয় বেলা

এ জীবনে মহা আফসোস

তুমি যে আমার পরম প্রিয় ছিলে

সেই তুমি আজ কাছে নাই

প্রভাত হয় সূর্য্ উদয়

ডোবে ফের সন্ধ্যায়

এ মনোরম দৃশ্য দেখতে

নামে মানুষের ঢল

সারা দুনিয়া ছুটে আসে

আনন্দেতে মশগুল।

কিন্তু আমি, আমার কিবা, রাত

কিবা দিন সকলি সমান।

২) আহা,কি মিস্টি মধুর গন্ধ

২০/০৮/২০২১

আমার ডাক নাম একটা ফুলের

নাম,নামটা হচ্ছে ফুল কেয়া।

তাই বলে, কেউ বন বাদাড়ে,

খোজ করো না আমাকে গিয়া।

সাপেও তাই গন্ধে আকুল হয়ে ,

বাস করে গিয়ে বনে আমার সনে।

এখনো তাই আমাকে ভোলেনি মাঝে,

মাঝে ,আসে দেখা করতে এইখানে।

তোমরাও দেখা করতে গেলেই ,কামড়াবে ঐ বনে।

অনিবার্য হয়ে দেখা দেবে তোমার মৃত্যু সেইখানে।

তাই বলেইতো আমি ক্ষমা করি না তাদের ,

অন্যেরও বিপদ আসতে পারে ভেবে মনে

যেখানেই সাপ দেতে পায় তাই

মেরে ফেলি তৎক্ষনাৎ সেই খানে।

জানি না আল্লাহ ক্রুদ্ধ হন কিনা আমার

এই নিষ্ঠুর পাষাণ আচরণ দেখে।

কারণ তার বিষ প্রয়োগে সুখে

 কত যে ডাক্তার রোগীর অপারেশন করে

ফিরাচ্ছে বাড়ি, তাদের ফোটাচ্ছে হাসি মুখে,

আপনজনের মন তাই উঠছে উল্লাসেতে মেতে।

হিসাব নাই এই ভাবেই বাঁচে, কত জন ডাক্তারের হাতে,

সবার আগে তাই পড়ে চোখে আল্লাহর মহিমা।

মনে মনে তাই প্রশংসাই রত থাকি,

দেখি সর্বত্র তাঁর সৃষ্টির অভূতপূর্ব গরিমা !!

৩) আমার পুরোনো দিনের স্মৃতি

০৪/০৮/২০২১

কাঁঠাল গাছি গ্রামে আব্বা অনেক উন্নতি মূলক

কাজ করে কাঁঠাল গাছির অনেক সাংস্কৃতিক উন্নতি

 ঘটিয়ে ছিলেন। যার হিসাব দেওয়া অতো সহজ কথা

নয় । কিছুটা হলেও বলার চেষ্টা করি। নিজের দশবিঘে

জমি তার সাথে রসুলপুরের চাষাদের জমির উপর দিয়ে একটা
বারো চোদ্দো হাত চওড়া রাস্তা রাতারাতি

পঞ্চাশ ষাট জন সাঁওতাল মজুরদের টাকা আর মদ

খাইয়ে তৈরি করে ফেল্লেন। তার জন্যে বর্ধমান কোর্টে

তাকে কেস খেতেও হয়েছিলো। কিন্তু জজ এবং

উকিলরা আমার মামার বাড়ির আত্মীয় ছিলেন বলে

আব্বার ফরেই রায় আসে। কোর্ট থেকে ইনকোয়ারি

এলে প্রমাণ হয় রাস্তাটার একান্ত প্রয়োজন

ছিল। তাই সেই যাত্রায় আব্বার জয় হয়।

আর রাস্তটার নাম রাখা হয়েছিল হাফিজুল্লা রোড।

তারপর আরো তিনখানা বড়ো রাস্তা তৈরী করেন।

একটা কাঁঠাল গাছি কোলে পাড়া ,একটা নিমো

মেমারী আর একটা কাঁঠাল গাছি মহেশ ডাঙ্গা।

সেকালে যাতায়ত ব্যাবস্থার দারুণ সঙ্কটজনক অবস্থা

ছিল। আমাদের গ্রামে এক রোগীকে দেখতে এসে

ঘোড়ার পিঠ থেকে আচম্কা পড়ে নৃসিংহ ডাক্তারের হাত ভেঙ্গে যায়। আমার স্কুল কলেজে ডেলি প্যাসেঞ্জারি কালে উপকার না হলেও

খন্যানে ইটেচোনায় গোপাল মজুমদারের কলেজে ইংলিশে অনার্স পড়াকালীন আব্বার তৈরী নিমো স্টেশনটা খুব কাজে এসেছিল।

ঐ নিমো থেকেই ট্রেনে যাতায়াত করে বহু কষ্টের পর

অনার্সটা পেয়ে আব্বা মাকে খুশী করতে পারি।

আব্বার স্বর্ণাক্ষরে লেখা হয়ে ছিলো মিমো নামক

আব্বার কষ্টে অর্জিত প্লাটফর্ম টার নাম।

আজও আছে কালও থাকবে। ভালো কাজ এইভাবেই স্থায়ীহয়।

এবং মানুষকে অমর করে রাখে তার কাজের মাধ্যমে।

তাঁর আরো কৃতিত্ব আছে। তাঁর এবং তাঁর চাচার তাল গাছ দিয়ে সাজানো বিরাট এক ময়দান ছিল। চাচার অনিচ্ছা সত্ত্বেও গাছগুলিকে,

লোকদের টাকা খাইয়ে রাতারাতি কাটিয়ে দিয়ে সেখানে

বিরাট ফুটবলখেলার মাঠ তৈরী করে দিলেন।

গ্রামের ছেলেমেয়েদের জন্য।

ছেলেদের দাবা খেলতে শিখাতেন।

নিজের বন্দুক নিয়ে গ্রামের ছেলেদের শিকার করতে নিয়ে যেতেন।

তাদের বন্দুক চালাতে শিখাতেন। কতোদূর থেকে

আমন্ত্রিত হয়ে ছেলেরা ঐ ফিল্ডে ফুডবল ম্যাচ

খেলতে আসতো। আব্বা ছিলেন দীল দরাজ জমিদার

বংশীয় জমিদার ছেলে। সেই জমিদারি, তালুকদারি

প্রথা উচ্ছেদ করে কি সুখেই রেখেছে আজ দেশকে!!আমি আব্বার আদর্শে অনুপ্রাণীত হয়ে নিজেদের জায়গায় কয়েক জনকে সাথে নিয়ে বহু,

খরচায় কাঁঠালগাছি স্কুলটা প্রথমে ফাইভ টু এইট

তারপর বারো ক্লাস খুলি নয় জন টিচার নিয়ে।

নিজে দশ বছর ফ্রি সার্ভিস দিয়ে ছিলাম। শিমলাগড়ে ভিটা সীন নামক মুসলিম এলাকায় ঐ স্কুলে এলিজাবেথ বার্টলে নামে এক ইংরেজ মহিলা বাচ্চাদের ইংলিশে কথা শিখাতে আসতেন।

ঐ স্কুলের এক কামরায় তিনি থাকতেন।

পরবর্তীকালে আমার সাথে ঘনিষ্ঠতা

বেড়ে যায়। আমাকে নিজের রুমে আমন্ত্রণ করে আমার কাছ থেকে নাচ গান বাংলায় শিখতেন।

তারপর ঐ স্কুলে আমি বছর চারেক শিক্ষকতা করি।

এলিজাবেথ অস্ট্রেলিয়ায় বিয়ে করে আর আসেনি।

আমার সাঁইথিয়া কলেজের ইংলিশের প্রফেসার গোলাম রেজ্জাকের সাথে বিয়ে হয়।

আরো দুটি কলেজের পার্টটাইমার ছিলেন। কঠোর পরিশ্রমী ছিলেন।

হার্ট এটাক হয়ে দিন পনেরো বেঁচে

ছিলেন পেসমেকার বসাবার আগেই মারা যান। আমি

ঐ কলেজে তাঁর পরিবর্তে দশ বছর কাজ করার পর

বাস থেকে নামার সময় ঠেলাঠেলির চোটে বাস থেকে

পড়ে হাটুর চাকতি ফেটে যায়। বাচ্চা দুটি ছোট থাকায় বাবার চাকরী পেল না। সামান্য ফ্যামেলী পেনশানেই উচ্চশিক্ষায় শিক্ষিত করে মানুষ গড়ে তুলি এবং ঈশ্বরের আশীর্বাদে তারা সুখী সংসারী হতে পেরেছে।

৪) আমার মা ও বাপের বংশ নামা

বড় খালা খাদেজা খাতুন,মেজ মাজেদা খাতুন, সেজ আকেলা খাতুন, ওয়াজেদাখাতুন,সিরাজুল ইসলাম

মাহাতাবুল ইসলাম, আমিনুল ইসলাম। মায়ের তরফে

আমার সম্পদ। নানা কৈবৎইসলাম নানি রিজিয়া বিবি

মায়ের সেজ চাচা ওয়াইদুল ইসলামের মোসলেমা

খাতুন অল্প বয়সে ইরিসিপ্লাসে মারা যান।

ওবাইদুল ইসলাম স্ত্রীর শোকে দ্বিতীয় বিয়ে করেন ছেলেদের জন্য ঐ বয়সেই প্রথম পক্ষের বিবি উক্ত নামের বিবি সালেহা নামক একমাত্র মেয়ে ছিল। বামুনপুকুরে বাড়ি।ফয়জাখাতুন,

নানী মারা যাওয়ার পর দ্বিতীয় পক্ষের সফিক,রফিক নুরুল,অলিউল ইসলাম, মিনাজহুল ইসলাম আর ফয়জা খালার জন্ম দিয়ে ছিলেন।

উনি খুব সুন্দরী অহংকারী ছিলেন আমার মকুচাচার সাথে বিয়ে হয়।

উনি কোলকাতা মেডিক্যাল কলেজের ডাক্তার ছিলেন।

ন'নানির আনার খালার সাথে সোভান খালুর বিয়ে হয়।

উনি ছিলেন নিঃসন্তান হোঁসি খালার সাথে হাসনাৎ

আর ছোট খালার বিয়ে হয় পূর্ণিয়ায় ওনারই মেজ

ভাই ভোলাখালুর সাথে।উনি ছিলেন বিশাল জমিদার ডাক্তার। কনু চাচার সঙ্গে বিয়ে হয় ন'নানির রাকু নানার মেয়ে গায়িকা ও লেখিকা নার্গিসের সঙ্গে।

বড় খালুর বড় ছেলের নাম ছিল হাফিজ মেজ কামু। কামু ভাই মটর সাইকেলে এ্যাকসিডেন্টে মারা যান সদ্য সদ্য বিবাহিত জীবনে। বাবুর ছেলের সাথে টেক্সাস থেকে লুনা ভিডিও কলে কথা বলিয়ে দিয়েছিলে। ওরা চার ভাই, দুই ভাইয়ের ছেলে আছে আর দুই ভাই নিঃসন্তান।

করজ গাঁয়ের বড় খালু,কাজী সাহেব বা বড় দামাদ মিঁয়া নামে পরিচিত ছিলেন। খুব ঘন ঘন কাঁঠাল গাছিতে আসতেন। মনে হতো উনারই বাড়ি। আব্বা বর্ষায় মাঠে দূরদূরান্তে শিকারে যেতেন। উনিও সাথে যেতেন দিনের শেষে বস্তা ভর্তি পাখি। মায়ের ঘাড়ে বোঝা হতো। বাবু বেবুর তো কাঁঠাল গাছি বাড়ি ছিল। এমনকি খালু ওদের রসুলপুর স্কুলে ভর্তি পর্যন্ত করে ছিলেন। কিছু বছর থাকার পর খালুর মৃত্যুত চলে গিয়ে ছিল। অলি মামা ও ছোট মামা ছিলেন স্পোর্টস ম্যান। সব জায়গায় থেকেই বরাত পেতেন।

আব্বা ছিলেন আসল হোতা। সাথে আমি ও বড়বুবু

সঙ্গ দিতাম বস্তা ভরা প্রাইজ নিয়ে বাড়ি ফিরে মজা

করতাম। সেই অলি মামার কথা এবং প্রিয় লীলি

মামীর কথা আমি লিখিনি বলে আমার মনে হয় না।

গ্রামে থাকলেও পড়াশোনা করেছি বর্ধমান মিউনিসিপ্যাল গার্লস হাই স্কুলে ও বর্ধমান উইমেন্স

কলেজে ট্রেনে ডেলিপ্যাসেঞ্জারী করে

পড়াশুনা করেএসেছি। পরীক্ষার সময় তিন মাস মামার বাড়ি ইসলাম মঞ্জিলেই থাকতাম।

স্কুলফাইনাল পরীক্ষার সময় অলিমামার সদ্য বিবাহিতা বৌ ছিলেন লীলি মামী নানার বিশাল ঐশর্য্যের তদারকি করতেন যিনি,তাঁরই মেয়ে লীলি মামী কাঁকসা কিম্বা সরাই টেক রের মেয়ে। অল্প বয়সেই মা বাপ হারিয়েছিলেন।

মামা পছন্দ করেই বিয়ে করে ছিলেন। আমার মামার

বাড়িতে উনি আমার শুধুমাত্র মামী ছিলেন না,ছিলেন

প্রাণের বন্ধুও বটে। অল্পবয়সী মেয়ে রান্না বান্নার কিছু

বুঝছেন না। তারপর মামা খ্যাপাতেন সেজবুবু অর্থাৎ

আমার মায়ের মতো টেস্ট হচ্ছে না। বেচারা মামীতো

নাজেহাল, রান্না করে আর আমায় টেস্ট করতে বলে

আমায়তো বেশ ভালোই লাগে, কিন্তু মামার মুখে সেই

একই বুলি। আর লুনা তুমি বলছো আমি মামা,মামীর

কথা লিখিনি? মামির দৌলতে আমি সারা বামুন

পুকুর, সৌকাত যে বড় মামীর বামুন পুকুরের সম্পত্তির তদারকি করতো,

জহুরী গোমস্তা, সফিক

মামা ও মিনু মামার বাড়ি মামী আমায় নিয়ে গেছে

সবার সাথে পরিচয় করিয়ে দিয়েছেন। যে কটাদিন

থাকতাম বাড়িতে খাওয়া শোয়া বাদে কেবল সারা

গ্রাম টুর করে নিয়ে বেড়াতেন আমাকে নিয়ে। তাঁর

স্মৃতি আমি ভুলি কেমনে। আমার পাঁচশোর মতো গল্প

কবিতা লেখা আছে তার মধ্যে মামা মামীর কথা

লেখা হয়নি আমারতো মনে হয় না। একটা ভোমরার

ছবি আঁকাতে আমি অলি বলে মামাকেই নিয়ে লিখে

ছিলাম। তুমি হয়তো কমেন্ট করেও ছিলে। তুমি তো

আমার লেখার আসল পাঠিকা সবার আগে তোমার

কমেন্ট এসে আমার মনকে ভরিয়ে দেয়।

আল্লাহ করে ভালো থাকো সুখে থাকো দীর্ঘ জীবি হও।

ইঁসি খালার সঙ্গে হাসনাথ খালুর বিয়ে হয়। বড়খালুর ছেলের নাম হফিজ,

কচি, বাবু বেবু মেয়ে সুফিয়া।

দাদার সৈয়দ সাজেদ উল্লার বাড়ির তরফে সৈয়দ

সফি উল্লা, সৈয়দ আমানত উল্লা, সৈয়দ হাফিজ উল্লা

সৈয়দ হেদায়েত উল্লা আব্দুস সামাদ,জাহেরা বেগম খোদেজা বেগম,

হবিবা বেগম, আবদাবেগম,মাজেদা বেগম,দাদী লূৎফুন নেসা।

মায়ের দাদো বর্ধমান মহারাজের উকিল। ভাই বোনেরা

সারা ভারতের সর্বেসর্বা। দাদো মালদার সর্বেসর্বা জমিদারও সেরেস্তাদার ছিলেন ।

ধান্দাবাজ বৃটিশ সরকার সুচ হয়ে ঢুকে ফাল হয়ে

দেশকে ছিন্নভিন্ন করে দিয়ে জুতো খেয়ে দেশ ছেড়ে

পালায়।

মায়ের বড় চাচা নিঃসন্তান কোলকাতার মেওর ছিল।

মায়ের আব্বা ছিলেন বড় দারোগা, ছেলেদের বলেছি।

পিঠে কার্বাঙ্কলে মারা যান। মায়ের সেজ সাবিরুল

চাচার   ,সোফিয়া,সালেহা,সোফিক,রফিক   ,অলিউল, নরুল,মিনহাজুল ইসলাম ছেলেদের নাম ছিল।

বিখ্যাত মানুষের বংশতো নয় যেন বাঁশ ঝাড়ের বংশ।

মায়ের দাদুরা দশ ভাই দুই বোন ছিলেন। পূর্বে তাদের

সম্বন্ধে আলোচনা করা হয়েছে।

তাঁদের এক ভাই উচ্চ পদস্থ অফিসার মেয়র হয়েও

বর্ধমানের বামুন পুকুর গ্রামে একমাত্র ছেলে কলেরায় মারা

গেলে কব র দিয়ে মুখ,

হাত ধোন পুকুরে।ফলে সেই রোগের জীবানু পুকুরের পানিতে মিশে যায়।মৃত্যুতে দিশাহারা হয়ে একটু ভুলের জন্য তিনি গোটা গ্রাম জনশূন্য করে দিয়ে ছিলেন।

আর এক ভাই অল্প বয়স্ক বৃটিশ শাসককে স্বদেশীর বন্দুকের গুলির হাত হতে বাঁচাতে,

নিজে বুক পেতে তাঁকে বাঁচিয়েছিলেন।

আজও তাঁর বৃটিশ সরকার কতৃক মর্মরপাথরে বাঁধানো কবর তাঁকে চিরস্মরণীয় করে রেখেছে।

৫) আমার প্রিয় বন্ধু

০১/১০/২০২১

আমাকে কি ভুলেই গেলে তবে,

বন্ধুগণ তোমরা আমার সবে?

রজনীগন্ধা বেলি,করবি, গোলাপ,

বলতো আমি কেয়া, কত ছিল আলাপ।

বাগানে নাই বাস তাই বুঝি কেয়া আমি,

করবো শুধুই জীবন ভোর বিলাপ স্বামী?

মাটির নীচে জড় ছড়িয়ে আমি যখন,

প্রাণ ভরে সবে সাড়া দিতে তোমরা তখন,

ছিলাম আমি মাটির ছোঁয়া পেয়ে,

কি পবিত্র সুখি জীবন মাটির পরশ নিয়ে ।

আজকে আমি বসে তিন তলারই ফ্ল্যাটে,

এক ঘরে হয়ে বসে আছি সময় না আর কাটে ।

দেখি শুধু সামনে এই কালো দীঘির জলে,

কত বিচিত্র পদ্ম আর পরিজায়ি পাখি দলে।

কালোভ্রমর মৌমাছি প্রজাপতি দলে দলে,

আপন মনে উড়ে তার বিচিত্র ডানা গুলি মেলে।

সারা জীবনব্যাপী ভুবন ঘুরে বসে আছি শেষে ,

ছোট্টরুমে খোলা জানালার বিছানার এক পাশে ।

পড়ছে দীর্ঘশ্বাস জীবনের পূর্বস্মৃতির স্মরণে ,

আবার আসবে সে সুখ ফিরে জানি আমার মরণে।

সুখ দুঃখ হাসি কান্না আনন্দ আর মিলে মিশে খেলা,

একেই বলে আল্লাহর নির্দেশে কোরান মেনে চলা।

আবার আসবে সে সুখ জানি আমার জীবনে,

আল্লাহর নির্ধারিত আমার এই জীবন অবসানে !!

৬) আমার জীবনী

০২/০৮/২০২০

তখন বড় মেয়ের সদ্য সাতদিন বিয়ে হয়েছে

কৃষিগবেষক ডাক্তারের সঙ্গে জোড়ে এসে আমার

ঐ অবস্থায় তৎখনাৎ বর্ধমানের নার্সিংহোমে ভর্তি করে,

সুস্থ হলে বাড়ি নিয়ে আসে।

এই ভাবে পর পর কয়েক বছর হার্নিয়া, গলব্লাডারে স্টোন
আবার, এবডোমিনে টিউমার, এইগুলি চিকিৎসার জন্য

কোলকাতার নামী কোঠারী হসপিটালে চিকিৎসা

করিয়ে বাঁচিয়ে তুলে বাড়ী নিয়ে আসে, সঙ্গে দুই দুধের

সন্তান ও স্বামী।তারপর বহু বছর কেটে গেলে ষাট

বছর বয়সে ইলেক্ট্রিক সক লাগে।

আনন্দলোকে ফের পেসমেকার বসানো আছে দশ বছর ধরে
তাই কোনো অস্ত্রোপচার করা যাবে না, নতুন করে।

এখন আমি কুড়ি সালের জুন মাসের

তেরো তারিখে ফের পড়ে যেয়ে বা ঁপায়ের হাড়ে চোট

লেগে শয্যাশায়ী নড়াচড়া করতে পারছি না,

খবর পেয়ে বড়মেয়ে নিজের গাড়ী নিয়ে হাজির।

দিন কতক হলো ওর ব্যারাকপুরে নিজস্ব ফ্যাটে আছি

ওরতত্ত্বাবধানে।

জানি না আদৌ সেরে উঠবো কিনা।

৭) আনন্দ ধারা বহিছে

২৯/০৭/২০২১

আনন্দ ধারা বহিছে

 আপন হিয়ার গভীরে নিজ ছন্দে,

নাই বাধা যেন আপনার মনে।

বহিছে মনে আপন আনন্দে,

বসি আছো কেন তুমি একা তব

হতাশনে মনে, এসো কাছে রবো।

সকলে সকলের সঙ্গে পাশপাশি।

 ভুলিয়া মনের যাতনা ,যত রাশি রাশি।

 কাটিয়ে উঠে এসো, সকলে কেবলই হাসি,

মানুষ আমরা একটাই জাতি নাই ভেদাভেদ

 একই মনোভাবে সব ধর্মগ্রন্থ যতই করো জেদ

ঈশ্বর তাই মানুষ সৃষ্টি করেছেন, পূরণে অভিলাষ

পদেপদে তাই পাই তাঁর সৃষ্টিতে এরই নজির,আভাস!

৮) গল্প হলেও মিথ্যা নয়

০১/০২/২০২১

আরো একটা গল্প বলি শোন

গল্প হলেও মিথ্যা কথা নয়।

বড়মামা আর, মা পিঠাপিঠি

দুই ভাইবোন, যেন জমক দুইজন।

একজন, আর একজনকে ,ছেড়ে

থাকতো না কখন।

ইসলাম মঞ্জিল থেকে, রাণী সায়ার

নানা দেরি,বিরাট দিঘীটা এককালে ছিলো,

রাজার আমলে।

বেশি দূরে ছিল না, কিন্তু নাগালের বাইরে।

হঠাৎ করে ,কি বিপদ লেখা ছিল, বিপদ ঘটে

গেল হায়রে কপালে!

ছোট দুই ভাইবোন ,লাল রঙে বাঁধানো সিঁড়ি বেয়ে উঠা নামা করে,

খেলা করছিল, নির্জন ছিল

বাঁধানো সিঁড়ি।

হঠাৎ পা পিছলে স্লিপ কেটে, ছোট্ট মা আমার

পড়ে গেলো পানিতে সরাসরি।

বয়সে অল্প উপায় না দেখে বড়মামা সেখান থেকে টিকিট কেটে
দিল চম্পট বাড়িতে ,বকুনির ভয়ে।

অদূরে জেলেরা জাল ফেলে, মাছ ধরছিল শ'য়ে শ'য়ে।

হঠাৎ তাদের চোখে পড়ে যায় ,ভাসা মাথা ভরা চুলেস

সঙ্গে আধমরা ,বডিটাকে নিল তুলে!!

তৎক্ষণাৎ খবর পাঠালো ,অদূরেই সেই থানায়,

যেখানে মায়ের আব্বা, স্বয়ং ভিউটিতে রত ।

কাজের লোক যত না জুটেছে, ভিড় জুটেছে তত,

ভিড় ঠেলে ঢুকে ,বড় দারোগাবাবু দেখিয়া নিজ

কন্যার মুখ যত দুঃখ, তত ভয়, চাকুরি খানি না

হারায় এমনিই ভয়ে সঙ্কিত।

রাখে আল্লাহ মারে কে? প্রবাদটি, কি শুধুই প্রবাদ

হয়েই রবে?

তাহলে মা দুই গুণী নাতনীর, নানু কি করে শুনি হবে?

৯) গল্প হলেও সত্য -১

১৮/০২/২০২১

আমার ফেসবুকের এক বাংলা দেশি বন্ধু আমাকে জিজ্ঞাসা করেছিলেন কবি নজরুল ইসলাম আমার কি সম্পর্কের আত্মীয় হ'তেন।এর উত্তর খুব জটিল আরব্য উপন্যাসের মত গল্প যার শুরু ও শেষ নাই।

আমাদের বংশের ঐতিহ্য মোঘল থেকে শুরু করে বৃটিশ সরকার এমন কি দেশ স্বাধীন হ'লেও পৃথিবীর সর্ব্য প্রান্তরে বিস্তারিত টেক্সাস,প্যারিস, ইংল্যান্ড, আমেরিকা, কন্যাকুমারী ও জাভা দ্বীপ পর্যন্ত।

আমার মায়ের দাদোরা এগারো ভাই ও এক বোন। দাদো বদরোদ্দোজা ইসলাম ছিলেন বর্ধমান মহারাজের স্বনাম ধন্য একজন উকিল। শামসুল ইসলাম তৎকালীন নামজাদা প্রদেশ শাসন কর্তা ।

বৃটিশদেরআমলে বৃটিশ শাসকদের দ্বারা নিয়জিত বৃটিশদেরগোলাম নইলে চাকরী কিভাবে ঠেকাবে,

আর ঈমানকি ভাবে বজায় রাখবে,নুন খাই যার,গুণ গাই তার একথার মর্যাদা দিতে অল্প বয়স্ক গভর্নারকে বাঁচাতে তাঁকে বুক দিয়ে আড়াল করতে গিয়ে নিজে গুলি খেয়ে মরে চির অমর হয়ে আছেন। বৃটিশ শাসক

দের তত্ত্বাবধানে বর্ধমানের বামুনপুকুর নামক গ্রামে

মর্মর পাথরে বাঁধানো কবরে শুয়ে।

আমি এই স্বনামধন্য আত্মীয়র কবরটা দেখতেও গেছিলাম ।

মায়ের ফুপাজান ছিলেন কোলকাতার নামজাদা একমেয়র ।

বর্ধমান কোর্টে মায়েরই আত্মিয় উকিলেছয়লাব ছিল বৃটিশ যুগে।

এতো হলো সবটা না হলে কিছুটা হলো মায়ের বংশেরআরব্য উপনাস। এর পর যায় বাপের গুষ্টির ঘরে।

ঢোকার আগেই তো খাবি খাচ্ছি এতো অতল সমুদ্র।

এর পারাপার দুনিয়া ব্যাপি এমন ছড়িয়ে গেছে যে

একপ্রান্ত থেকে আর এক প্রান্তে দৃষ্টি যাচ্ছে না।

লুনা ফোনে ভিডিও কলে তার ছবি ও কথাবার্তা কিছুশুনিয়ে ছিল।

যাক সে কথা, এখন শুরু করা যাক বাপচোদ্দপুরুষ

দের ইতিহাস কাহিনী । আরো একটা আরব্যউপন্যাসের গল্প।

আমার দাদা ছিলেন তাঁর মায়ের একমাত্র সন্তান। ছিলেন সেরেস্তাদার।

মালদা থেক বর্ধমানে আসেন।

আমার বাপ চাচারা পাঁচ ভাই ও পাঁচ বোন।

বড়চাচা সৈয়দ মহম্মদ উল্লা বৃটিশ আমলে ঢাকার

জেলার, খুব সুন্দর চেহারা,আর মেয়েদের মতো

কোমল চরিত্রের, চার ছেলে ও পাঁচ মেয়ে। শিশু

কালেই তাদের ছেড়ে চলে যান ,গলায় দড়ি দিয়ে মরে।

কারণ কি ? তাঁর অমত সত্ত্বেও এক নির্দোষ আসামির ফাঁসির মৃত্যুতে।

এর ফল এসে পড়লোনির্দোষ দশ সদস্য সংসারের উপর।

তারা সুখেরসংসার ছেড়ে কাঁঠালগাছি (মেমারী থানার অন্তর্গত)গ্রামে,আমার ঐতিহাসিক পৈতৃক ভিটেয়আশ্রয় নিল।

বড় ছেল সফি উল্লা বাপের চাকরিটা পেল।

মেজছেলে মেরীনার হ'লো,সেজ অল্প বয়স (চোদ্দোপনেরো বছর বয়সে ব্াংলা দেশে) মারা গেল ।

মনুভাই সৈয়দ সেলিম উল্লা ভালো গায়ক ছিল।

বাংলাদেশে যেয়ে ইংলিশের প্রফেসার হ'লো।

বড় মেয়েপোলিওর শিকার হ'য়ে সারা জীবন তাদের কাঁঠালগাছি গ্রামের বাড়িতেই একা একা বাড়ির ঝিয়েরসাথেই আমৃত্যুকাল জীবন কাটালো।মেজ মেয়েপূর্ণিমা বুবু আব্বার মামাতো ভাই আমীর,

কোলমাইনের ইন্সপেক্টারের সংগে বিয়ে হ'য় এবং এদেশ ও দেশ কোলমাইনের তদারকি ক'রে আসানসোলের বাড়িতে জীবন কাটান। কোলমাইনেরবিনোদনের জন্য নানা রকম

জলসার আয়োজনহ'তো আমি ও বড় বুবু আব্বা সহ দুলাভাইদেরবাড়িতে ঐ মজায় পার্টিসিপেট করার সুযোগ পায়।ফাংশান ছেড়ে অনেক সময় আব্বা ও দুলাভাইতাদের নিজস্ব ভ্যানে রাত্রিতেই রাইফেল ও দোনলাবন্দুক নিয় বাঘ ও নেকড়ে শিকারে বেরিয়ে পড়তেন।থাকতাম আমি ও আমার বড় বুবু।

পাহাড়ি রাস্তা ঘুরেঘুরে উপরে উঠে যেতো।

দূর থেকে চিতা বাঘ,নেকড়ে,দাঁত খিঁচাতো।

রাঁচিতে মায়ের মামাতো ভাই আলীমপাঁচশো একর বাগান বাড়ির মালিক বিশাল পাঁচিলকাঁটা তারে ঘেরা তার পরেও কুলগাছের সারি তারপর আম কাঁঠালে ও লিচুতে ভরা বাগান দেখেমুগ্ধ হয়েছিলাম।

বাঘ বা নেকড়ে নয় একটা হরিণশিকার করে এনেছিলাম।

এখনকার দিন হ'লে কেসহ'তো বোধ হয়।

আব্বা ছিলেন বীর শিকারী প্রতিভাশালী, মাস্টার অবঅল মাস্টার অব নান !!কোলকাতায় বালিগঞ্জ স্কুলে টিচারী করতেন। থাকতেন কালিঘাটের নিজেদের দোতলা বাড়িতে।রাইয়োটের জন্য চিরতরে বাড়ি ছেড়ে চলে আসতেহয় তার পর ঘটে গেছে হৃদয়বিদারক অনেক ঘটনা।দাদি নামি দামি ছেলের বাড়ি রিজার্ভেশান ট্রেনে,এরবাড়ি ওর বাড়ি ছেলে মেয়ের বাড়ি ঘুরতেন।ডাক্তার সৈয়দ হেদায়ৎ উল্লা বিলাত ফেরৎ সীড গবেষক বিজ্ঞানী।ঢাকায় তার বিশাল বাড়িতে বেশীথাকতেন।আমার ছোট্ট বড়বুবুকে সাথে নিয়ে। বুবুনাকি ওনার কোলজে ছিল।বৃদ্ধাবেলায় আমাকে কোলে নিয়ে গান গেয়ে ঘুমপাড়াতে গিয়ে পড়ে যেয়ে প্যারালাইজ্ট হয়ে পড়েন।আব্বা কোলকাতা ছেড়ে কাঁঠালগাছিতে আস্তানাগাড়লেন। প্রথমে ই,আর,পি,তে পরে বৃটিশ

সরকারবিদায় নিলে ,উত্তর প্রদেশের রাইস মিল মালিকেরজীনালি রাইস মিলের ম্যানেজার হলেন। উনিতোবিরাট আর্টিস্ট ছিলেন।আব্বাই উচ্চু চিমনীতে জীনালরাইস মিলটার নামটা লিখেছিলেন, এতো সাহসীছিলেন। আমরা বড় হয়ে মেমারির যেতে যেতে দেখতাম ঐ বড় উচু মিলের চিমনীতে আব্বার স্বর্ণ অক্ষরে হাতের লেখা, লেখা রয়ে গেল। মুছে গেলদুনিয়া থেকে আমার মা, আব্বা,মেজবুবুর নামকেবল স্মৃতিপটে ছবি হয়ে রইলো। চলে গেলবীর শিকারী,মূল্যবান চিত্রশিল্পী।চলে গেল সব রকমের,খেলাপ্রেমিক আব্বা,প্রিয় খালা, ফুপু মামা,মামীসবাই ছেড়ে চলে গেল, রইলাম কাঁদবার জন্য আমি!!গ্রামে বাঘ ঢুকে যখন ছাগল, খাসি,খাচ্ছিল আব্বাকাপড় চোপড় খুলে বন্দুক নিয়ে ছুটে ছিল তাকেমারতে।বাঘ খুঁজতে বিশাল উচু দীঘির পাড় থেকেমারা পড়লো আখ ক্ষেতে কাজ করা এক দুস্থ শ্রমিক।রটে গেলো আব্বার নাম, পেপারে উঠে গেল,ভুয়োসংবাদ। হাহাকার পড়ে গেল দেশ বিদেশে ছড়ানোছিটানো আত্মীয় স্বজনের মধ্যে। সব ছুটে দেখা করতে এলো। ভুয়ো সংবাদে স্বস্তির নিশ্বাস ফেললো। অভাগা যে গরীব শ্রমিকটা মরলো কয়জন তার জন্য চোখের পানি ঝরালো? এই বিবেকহীন দেশে!!শুরুতেই কবি নজরুলের নাম নিয়ে ছিলাম সে,প্রশ্নেরউত্তর দিতেই ভুলে গেছি, আমাদের এ কুল ও কুলেরআত্মীয় কবি, সাহিত্যিকের ছড়াছড়ি। কবি গোলামমুস্তোফা ,সৈয়দ সাবির আলী, গায়িকা নারগিস বেগম, সাবিনা ইয়াসমীন ইত্যাদির কত নাম বলবো?পেনের কালি শেষ । কাজী নজরুল ছিলেনবর্ধমানের চুরুলিয়ার মধ্যবিত্ত ফ্যামেলীর ছেলে।ছোটো থেকেই দেশ প্রমিক ছিলেন। সম্পর্কে নানাহতেন। দেশের জন্য স্বদেশী সৈন্য বিভাগ চাকরীতেযোগ দেন।কবিতায় ,গানে দেশের কাজে আত্মনিয়োগ করেন। তারপর তাঁর কি শোচনীয় অবস্থায় মৃত্যু হলো, সবাই আশা করি অবগত আছেন। উপর আলাতাঁকে যেন জান্নাত বাসী করেন।

ইন্সাল্লাহ।মেজ মামা জাহাজে সৈনদের খাওয়ার তদবিরকরতেন ঠিকঠাক পুস্টি কর খাবার সাপ্লাই হচ্ছেকিনা। জাভাদ্বীপে থাকতেন । পরে বর্ধমানে নিজেপৈতৃক বাড়িতে ফিরে ,রাকু নানার মেয়েকে বিয়েকরে সংসার শুরু করেন। সৈন্য বিভাগে কাজ করারসময় আমাদের জন্য এতো ক্যাটবেরী চকোলেট ,আনতেন তা আমার চিরস্মরনীয় হয়ে আছে। ছোটমামা ছিলেন প্লেনের পাইলট । আরব থেকে ঢাকার পাইলট ছিলেন।তার ছেলেরা কেউ এদেশে থাকে না আমেরিকাও টেকসাসে থাকে। ফোনে আমাদের সাথে কথা বলেন। আমরা বেশ ভালোই দেখতে পাই ও গল্পকরি । অনেক কথা হলো আজ এই পর্যন্ত।

শুরু করলাম আবার ইতিহাস।আমার দাদা ছিলেন মায়ের এক মাত্র বেঁচে থাকা বংশধর,বাকি সব সে কালের দূরারোগ্য অসুখে মারা যান।দাদোর নাম ছিল সৈয়দ সাজেদ উল্লা চৌধুরী। পেশায়ছিলেন সেরেস্তাদার । মালদার বিশাল বড় নামজাদা ভাল জমিদার। তাঁর মেজ জামাই ডাক্তার কাজীছিলেন খুব অহংকারি ও পাজী। তখনকার দিনেহোমিওপ্যাথি ও আয়ুবেঁদী চিকিৎসার খুব বিখ্যাতডাক্তার। তখন কার দিনের মারণ রোগ ছিল কলেরা, বসন্ত, পোলিও, প্লেগ মহামারী রোগ। কোন প্রতিষেধক ঔষধ আবিস্কার হয়নি।এই রোগ মড়কের আকার ধারণ করে দেশকে জনশূণ্য করে দিত।মায়ের কোলকাতার ধনী আত্মীয় তার একমাত্র ছেলে কলেরায় মারা যাওয়ায় বামুন পুকুরে পৈতৃক ভিটেয় কবর দিয়ে নিজের বিশাল দীঘিতে মুখহাত ধোন।তখনকার দিনে গ্রামের লোকরা সমস্ত কাজ এমনকি খাওয়ার জন্য পুকরের পানী ব্যাবহার করতো । এর খেসারত গোটা গ্রামর লোক মরে গ্রাম শূন্য করে দিল ।কিন্তু সেই যুগেই সেই যে বলে ছিলাম অহংকারী ডাক্তার তাঁর এক পুরিয়া করে ঔষধ খেলেই এইসব মারণ রোগীরা পুনর্জীবন ফিরে পেত।কিন্তু আমি ওঁকে

পাজী বলে ছিলাম এই জন্য যে সেকালিন যুগের প্রতিপত্তি শালী নামজাদা সেরেস্তাদার দাদোর সঙ্গে এমন অপমান কর আচরণ করতেন যে দাদো মালদার ভিটেমাটি ও জমিদারি বিক্রি করে কাঁঠালগাছির প্রাচীন পৈতৃক ভিটেতে ফিরে আসেন।সমস্ত টাকাপয়সা জাহাজে থাকা লুটেরা তাঁর সর্বস্ব লুট করে শূন্য হাতে তাঁকে কাঁঠালগাছিতে ফিরতে বাধ্য করে । তারপর তিনি আর বেশীদিন বাঁচেনি। পেটে টিউমার হয়ে পঁয়ষট্রি বছর বয়সেমারা যান। তাঁর কবরের পাশেই কাঁঠালগাছিতে আমাদের ফৌজদারি আমবাগানে মৃত দাদী ও শায়ীত আছেন। মা,আব্বা মেজবুবু নিদৃত আছেন গ্রামের কবরাস্তানায় বালা শহীদে। তাঁদের আত্মার জান্নাতবাস কামনা করি !!

আব্বারা পাঁচ ভাই ও পাঁচ বোন ছিলেন। বড় ভাইসৈয়দ আমানত্ উল্লা চৌধুরী ঢাকার জেলার ছিলেন।তাঁর অমতে এক নির্দোষ আসামির ফাঁসিতে প্রাণদগু হয়ায় সুশ্রী ও মহিলাদের মতো কোমল হৃদয়ের মানুষটি সংসারের দশ সদস্যে কথা একবারো নাচিন্তা করে আসামীর মৃত্যুর জন্য নিজে গলায় দড়ি দিয়ে আত্মহত্যা করেন ।আর শেষ মেষ দশ সদস্যের সংসার কাঁঠালগাছির গ্রামে ঠাঁই হয়। বড় ছেলে সোফিউল্লা বাবার চাকরী পেল,মেজোছেলে মেরিনার হলো ,সেজ ছেলে বাংলা দেশের স্বাধীনতা যুদ্ধে প্রাণ বিসর্জন দিল। ছোট ছেলেসৈয়দ সেলিম উল্লা বাংলাদেশে যেয়ে ইংলিশ স্কুলের প্রিন্সিপ্যাল হলো। সব মেয়েরাই বাংলা দেশগেল দুটি ছাড়া বড়টা পোলিওয় আক্রান্ত থাকার জন্যকাঁঠালগাছিতেই ঝিয়ের সাথে থেকে মারা গেলেন।ভালোই বয়স হয়েছিল। আমায় খুব ভালবাসতেন,আমি উনার হাত লুড়কো ছিলাম। মেজ চাচা মহম্মদ উল্লা উনি ময়মোনসিং জেলার জেলার ছিলেন। দুই মেয়ে ছিল নাম লিলি ও পলী।ডক্টর সৈয়দ হেদায়ত উল্লা চৌধূরী ছিলেন সেকালীন বিখ্যাত বিলাত ফেরৎ সীড গবেষক।আব্বাকে অনেক উন্নত

মানের বীজ পাঠাতেন,ঢাকাতে থাকতেন । দুটি মেয়ে ছিলো নাম ছিলো ছোটোবেবী ও বড় বেবী। ঐ নামেই সবাই ডাকতো আমরা তখন নেহাত শিশু ছিলাম । দাদী ছোড় বড়বুবুকে নিয়ে অধিকাংশ সময় নচাচার ঐ রাজপ্রাসাদেই থাকতেন। রিজার্ভেশান ট্রেনে বিভিন্ন ছেলে মেয়েদের বাড়িতে যাতায়ত করতেন। শেষ বয়সে কাঁঠালগাছির বাড়ীতে আমাকে কোলে নিয়ে গান গেয়ে ঘুম পাড়াতে গিয়ে পায়ে হোঁচট খেয়ে পড়ে প্যারালাইজড, পাঁচবছর শয্যাশায়ী থেকে মারা গেলেন। মা সর্বদা আত্মিয়স্বজন নিয়ে ব্যাস্ত থাকার জন্য আমি সেই ছোড় শিশুর মাথার কাছে বসে চামচে করে খাওয়াতাম।মায়ের প্রথম ছেলে বুলবুল ভাই মাত্র আট মাস বয়সে ডিপথিরিয়ায় মারা যাওয়ায় পর পর দুই কন্যা শিশুজন্মে।বড় বুবু হিয়া ও মেজ বুবু পিয়া। মায়ের বাপ্রত্যেকের আশা ছিল একটা পুত্র সন্তানের কিন্তুসে আশা পূর্ণ করলেন আল্লাহ আমার জন্ম থেকেই ছেলের মতো চেহারা দিয়ে।

পৃথিবীতে মা ছাড়া কেউবুঝতেই পারতো না যে আমি একটা মেয়ে । মা এমনড্রেস করে সাজিয়ে রাখতেন।পাঠশালা ও স্কুলে এই নিয়ে আমায় নির্যাতিত হতে হতো।পাঠশালায় সব ছাত্রছাত্রী আমায় মা কালীর মূর্তির কাছে নিয়ে ভয় দেখাতো, সত্যি বল তুই ছেলেনা মেয়ে। ঠাকুর অভিশাপ দেবেন।আমি বাচ্ছা। ছেলেমেয়ে বুঝি না। কেঁদেই সারা!!পণ্ডিত মশায়ের জমিদারের ছেলে আমি। ওদের বকুনী দিয়ে আমায় আদর করে রোজ রোজ পাশে বসাতেন। বুবুদেরকে বাড়ীতে পড়িয়ে যেতেন।ছোটোবেলায় থ্রি থেকে ফাইভ পর্যন্ত বর্ধমান মিউনিসিপ্যাল গার্লস স্কুল ,কলেজে বি এ,পর্যন্ত মহারাণীকলেজে দুছর বাংলায় অনার্স পড়ি তৎকালীন সিপিএম মন্ত্রী সুধীর রায়ের পরামর্শে। কিন্তু পরে জেলাস্কুলের হেডমাষ্টার আমার বড় মামীর ভাইয়ের উপদেশে ইংলিশে অনার্স নিয়ে পড়া শুরু করি। কিন্তুগার্লস কলেজ নূতন কয়েক

বছরয় চালু হওয়ার ফলেইংলিসে অনার্স পড়া চালু হয়নি। সেই জন্য খন্যানে গোপাল মজুমদারের ইঁটেচোনা কলেজে স্পেশালইংলিশ আনার্সটা করি। প্রিন্সিপ্যাল এতো দূর থেকে ডেলি প্যাসেঞ্জারি করে পড়ার জন্য ভূয়সী প্রশংসাকরতেন ও খুব স্নেহের চোখে দেখতেন।অনার্সের তৃতীয় পরীক্ষার দিনেব ট্রেনে বাড়ী ফেরার পথে রেলগেট বন্ধ।কিছু দূরেই আপ এবং ডাউন দুই লাইনেই এক্সপ্রেস ট্রেন আসছিল। লাইনে কাজ করার শ্রমিকের দুটি বাচ্ছা ছেলে ঘটনাচক্রে ঐ সময় লাইনে পাথর নিয়ে খেল ছিল। প্রিন্সিপ্যাল একজনকে উদ্ধার করে দ্বিতীয় জনকে ছুঁড়ে দিয়ে নিজে ট্রেনেরচাকায় চাদরে পেঁচিয়ে মারা গেলেন।

১০)গল্প হলেও সত্য-২

ছেঁচড়াতে ছেঁচড়াতে চোখের সামনে কেটে খান খান করে দিল। আমার চোখের পানি আর ধরে না।চতুর্থ পরীক্ষা কেঁদে কেঁদে কি ভাবে দিলাম বুঝতেই পারা যাচ্ছে। তার পরের দিন পরীক্ষা দু ঘন্টা দেবার পর টর্ণেডো ঝড় আরম্ভ হলো বাড়ি ফিরবার চিন্তায় জানা প্রশ্নের উত্তর ছেড়ে দিয়ে প্ল্যাটফর্মে ট্রেন ধরতে এসেদেখি একেবারে ফাঁকা প্ল্যাটফর্ম । যাহোক করে সন্ধায় বাড়ি ফিরলাম। ইংলিস অনার্স লাল স্টার মার্কা সার্টিফিকেট পেলাম।এতো বিপত্তিতেও এই সার্টিফিকেট সবাইকে সন্তুষ্ট করে ছিল। কিন্তু চাকরির খোঁজে বাসে করে এখান ওখান করে বেড়াবার জন্য তিনটি অমূল্য সম্পদ আমি বাসে ফেলে রেখে চলে আসি।ঝাঁপি আর সাইড ব্যাগ নিয়ে নেমে পড়ি,সিটে পড়ে থাকে চাবির থোকা সহো মানিব্যাগ ব্যাগে দশ হাজারটাকা ।চাবি সহ মানিব্যাগ পেলাম।

দশহাজার টাকা আর সার্টি ফিকেট পেলাম না। সার্টিফিকেটের সঙ্গে আর একটা মূল্যবান সার্টিফিকেট ছিল। ইটালি থেকেপাওয়া ,আমার তাদের দেশে বাচ্ছাদের পিকনিকের ছবি বাচ্ছারা টেবিল চেয়ারে বসে খাচ্ছে সঙ্গে একটা বিলাতি কুকুরের বাচ্ছা তাদের সঙ্গে টেবিল চেয়ারে বসে খাচ্ছে। সে সময়ে ইটালীতে একটা ছবি আঁকার প্রতিযোগিতার অনুষ্ঠান হতো ওরা পেপারে এ্যাডভ্যার্টাইজ করতো বিভিন্ন দেশ থেকে ছবি পাঠিয়ে প্রতিযোগিতায় অংশ গ্রহণ করতে।

স্বামী রেজ্জাক ঐ সব বিষয়ে আগ্রহী ছিলেন। আমার ঐ আঁকা ছবি ইটালীতে পারসেল করে পাঠিয়ে ছিলেন। ওরা একটা মূল্য বান সার্টিফিকেট পাঠায়। সঙ্গে সুন্দর খামে চিঠি।আর্টিস্ট চালিয়ে যাও। তোমার আর্টে খুব উন্নতি হবে। সেই অমূল্য সার্টিফিকেটটা ঐ দিন অন্যান্য সার্টিফিকেটের সাথে ছিল। ওদের হারিয়ে দুই তিনদিন আমার মুখে ভাত ওঠেনি!!

১১) গল্প হলেও সত্য-৩

বিখ্যাত প্রবাদ প্রতিম বিখ্যাত ব'ল খেলোয়াড় সামাদ দুনিয়ার সেরা ছিল কে না জানে? বল যেন মন্ত্রের মত তাঁর পায়ে জড়িয়ে ধরে থাকতো। কারো সাধ্য ছিল না পা থেকে নেয়। আব্বারা কোলকাতায় থাকতো তার খেলা একেবারে মিস্ করতেন না। মায়ের রাকুচাচা বর্ধমানের তেঁতুলতলা নামক জায়গায় বসবাস করতেন।

তাঁর বড়ছেলে ফটিক মেজ ছেলে চামু,মেয়েমনীরা,আফাইও লিলী ও লাইলী খালা। ফটিক মামা ছিলেন দ্বিতীয় ধন্বন্তরী ফুডবল প্লেয়ার। দুনিয়াকে কাঁপিয়ে ছাড়তেন যদি আর বেশী দিন বাঁচতেন। মাত্র আঠারো বছর বয়সে প্রতিহিংসার শিকার হয়ে।ইচ্ছা কৃতভাবে বুক লক্ষ করে বল মেরে মৃত্যুর মুখেবঠেলে মেরে দিয়েছিল কতকগুলি দুর্বৃত্ত খেলোয়াড়। সেকালে মেয়েদের লেখা পড়ার অধিকার বা স্বাধীনতা ছিল না।তবুও মৃত্যু শয্যায় শায়িতকালে বাবার কাছে মিনতি করে প্রতিজ্ঞা করিয়ে বলেন আমার পড়ার পিছু যে টাকা ব্যয় করতেন তা যেন আমার বোনদের পড়ালেখার জন্য খরচ করেন, তাদের উচ্চ শিক্ষায় শিক্ষিত করে তোলেন। এই কঠোর প্রতিজ্ঞা মা বাবা পালনও করেছিলেন। আমার জ্ঞান হয়ে আমি অলিমামা,অলিউল ইসলাম,ছোট মামা আমিনুল ইসলাম প্রত্যেক জায়গায় স্পোর্টসের সময় আমন্ত্রিত হতেন।আমরা তাঁর সঙ্গ নিতাম তিন বোন ও আব্বা। ঢালাও

প্রাইজ ,সিলভারের কাপ আর সিল্ড নিয়ে বাড়ি ফিরতাম। সারারাত চাচাতো বুবুরা পাশের বাড়ি থেকে খেলতে আসতো,চাঁদনী,রাত আমাদেরবিরাট উঠোনে।

আব্বা,মা,পূর্ণিমা, জ্যোৎস্না বু, টুনুবুপুটলু ভাই,মনু ভাই মণিকাবু ও আমরা হিয়া পিয়াবা পাপিয়া,আমি কেয়া বা কেকা । খেলতাম ধাপসা চু কিৎকিৎ,হিংগে দাঁড়ী,লুকোচুরী আরও কতো কিযে মজার মজার খেলা!!জোৎস্মা বুবু আমাদের নাচ ,গান শেখাতেন। ছোট ফুফুর মেয়ে ছবি ও ছোঊ মেয়ে ছায়া দুধের শিশু বল্লেও চলে। ও ঠেলে ঠেলে ঢুকে আমাদের সঙ্গে যোগ দিতো। আমরা পাত্তা দিতাম না ওকে। কিন্তু বড় হয়ে বাংলা দেশে নামি গায়িকা হয়ে ছিল। নাম নাজমা বেগম, ডাক নাম ছায়া। ওর বড় বুবু দিলদিল বুবুও দারুন সুন্দর গান গাইতে পারতেন ।ওদের ছোট ভাই ছিলো পেন্টু।

১২) স্বর্ণযুগ

১২/০৭/২০২০

আবার কবে সেই মধুময় সুবর্ণ যুগ ফিরে আসবে

মানুষের জীবনে। আমি তো আর ফিরে পাবো না।

জীবনের শেষ প্রান্তে দাঁড়িয়ে আমি অসুখের সাথে লড়ছি আর ধুঁকছি। বনে জঙ্গলে বিশালবিশাল

বৃক্ষ লতাপাতায় ঢাকা উপছে পড়া নানা

রঙের ফুলের বাহার মনকে খুশির অকূল দরিয়ায়

ভাসিয়ে নিয়ে যেতে, আর কি ফিরে আসবে বর্তমান প্রজন্মে।

না তারা কেবল মোবাইল আর টি, ভি নিয়ে পড়ে থাকবে অনুক্ষণ।

দুধের শিশুকে দেখি ফোন সম্বন্ধে যা জ্ঞান,

সে জ্ঞান বুদ্ধি আমাদেরনাই। বন পাপিয়ার পিউ পিউ ডাক,

ফটিক জল পাখিরফটিক জলের আর্তনাদ, বুলবুল,

আর দোয়েলেরমধুর সুরে গান হলদে গুড়ির একটি খোকা হোকঅপরটির একটি খুকি হোক এই বাক যুদ্ধ,

মধুচুস্কি পাখির মন ভুলানো কুচকুচে কালো রং

আরবাকা সরু ঠোঁটে ডালে ডালে সিস্ দিয়ে

লাফিয়ে লাফিয়ে এ ডাল ও ডালে উড়ে বেড়ানো,

বালী হাসেরদলবদ্ধ হয়ে আকাশের এ প্রান্ত থেকে ও প্রান্তে
উড়ে বেড়ানো, শঙ্খচিল আর গাংচিলের সকরুন ডাক,

ফাঁকে ফাঁকে ফিঙ্গের সেই ছড়া বলা,

ফিঙফিঙেটি বাবুই আঁটি যে বুড়ির কুল খায় তার নাক চুলটি
কাটি, আবার শালিক আর গুয়ে শালিক,

গুয়েশালিককে আবার গুয়ে নেংটিও বলা হয়

ওর দোষ হলো ও গুখুঁটে খুঁটে পোকা খেয়ে বেড়ায়।

ছোট ঘুঘু পায়রার মতো সাইজ গায়ে তিলে কালো কালো

ফুটি ফুটি গোল গোল ফুটকি দাগ আছে।

বড়ঘুঘুর সাইজটা একটু বড়,

পাপিয়ার মতো দেখতে গায়ের রং মিস্টি খয়েরি।

ডাহুক পাখির বাস সাধারণতঃ পুকুর পাড়ে কিম্বা নদীর ধারে
হিজল গাছে,যার ফুল লাল রঙের মালা হয়ে থোকায় থোকায়
ঝোলে!

কুকো পাখী যাকে ,কবির ভাষায় কুবো পাখি বলে।

কবির ভাষায় ডাকে কুব কুব লুকায়ে কোথায়।

তিতির চিনে মুরগীর মত নীলচে ছাই রঙের পালকে কালো
কালো ফোটা। চীনে হাস ছাই ছাই রঙের বেশবড় সাইজের হাঁস,

ঠোঁট হলদে ডগের দিকটা ছুঁচলো নাকের কাছে ঠোঁটের গোড়ায়

একটা ছোট্ট লাল গোলাপ ফুল বসানো আছে।

দলপিপি লাল খানিটা ডাহুকেরি মত তবে হাসের মত পানিতে
সাঁতরায়। বালিহাস, আর কটক তারা একই প্রজাতির।

বালিহাস লালছে চকলেট কালার,

আর কটকতারা সাদা ডানাদুটি কালো।

চখা চখি করে বকাবকি কেনা অবগত এই কবিতা খানিতে।

এটাও বেশ বড় সাইজের হাঁস জাতীয় পাখী,

দলবদ্ধ হয়ে উড়ে উড়ে বেড়াতে ভালবাসে,

বড় নদীতে সচরাচর দেখা যায়।

বক অনেক রকমের দেখা যায় যেমন বক,

গোবক, ঝুটি ওয়ালা বক, সাইজটা বেশ বড়,

বড়সড় নদী বা পুকুরের পাড়ে বিশাল বড় বড় গাছে বাসা বেঁধে
থাকে, মানুষকে বিশেষ ভয় করে না।

আমি ছোট বেলা পাঠশালা পড়া কালীন স্লেট মুছার

জন্য যে কাপড় ছেঁড়া বা নেতি ব্যবহার করতাম তা

ভেজাবার জন্য বারবার যেতাম ঐ বকগুলি দেখার জন্য।

সারস হচ্ছে বকের বড়দাদা বিশাল বড় আকারের!

শামুকখোল ও কাস্তেচোরা এরাও এক ধরণের বেশবড় পাখী।

এরা বর্ষা কালে মাঠে মাঠে মাছ, শামুক,, গুগলি ইত্যাদি

খাবার সন্ধানে আমাদের দেশে আসে। বাজ্রৌরী,

ঈগল পাখি এদেরো বড়বড় নদী ওসমুদ্রে দেখা যায়।

আমাদের বংশধরেরা সব বীর শিকারী ছিল।

বাঘ শিকার তাদের নিত্য নৈমিত্তিক ব্যাপার ছিল।

নেশাও বলতে পারো। উপরে যে সবপাখির নাম করেছি

বলেছি ওরা বর্ষাকালে আসে মাছের বা জলজ পোকা

মাকড় গুগলি, শামুক খাবার তল্লাশে।

কাক, চিল, শকুন, বাজপাখি, ঈগল পাখি ছাড়া সব পাখিকেই

আমরা শিকার করে খায়। যে পাখি সুন্দর ও বিরল প্রজাতির

সে পাখি শিকার করা খাওয়া আমাদের হারাম বা মোকরুহ। ছাতারে পাখি, অনেকটা খড়ের মত রং, কেউ কেউ তাদের হাঁড়ি চাঁচা পাখিও বলে। কারণ তারা যখন গাছতলায় শুকনো পাতার নিচে

খাবারেরসন্ধানে এসে লাফালাফি করে তখন খুব চ্যা ,

চ্যা করে চ্যাঁচায় ঠিক হাড়িচাঁচার মত শোনায়।

তাছাড়া ওর আসল নাম ছাতারে এক সঙ্গে যখন ওরা

খড়ের চালে গাছের ডালে নাচানাচি করে তখন ডাক বড়ই মধুর লাগে। কবিরা বলেন কোকিলের সুমধুর তান ।

ওর এক ঘেয়ে একট টানা ডাক আমার কানে তালা ধরিয়ে দেয়।

তা ছাড়া ওরা প্রেম করতে পারে, সংসার করতে পারে না।

পরের ডিম নষ্ট করে অর্থাৎ পরের জীবন ধংস করে।

এই জন্য আল্লা ওদের চোখ থাকতেও অন্ধ করেছেন,

চোখে ভালো দেখতে পায় না তাই ফলের কাছে ঠোঁট

ঠেকিয়ে তার পর আধখাওয়া করে চলে যায়।

সেখানে কাককে লোক পছন্দ না করলেও পাতি কাককে আমি
পছন্দ করি ।ও আবর্জনা পরিস্কার করে,

ওর দূর থেকে ভেসে আসা কা কা ডাক আমার কানে মা, মা
ডাক শোনায়।ওরা মা উচ্চারণ করতে পারে না তাই কা ,কা
বলে ডাকে।

আমার তখন খুব মায়া হয়। ময়ূরতো আমি নিজেই ছিলাম,

তবেই তো আমার ডাক কে কেকারববলে সেই ডাকের

সূত্র ধরে আমার নাম কেকা হয়েছে।

আমি ছোটো বেলায় নাচে গানে খেলাধূলায়ছবি

আঁকাতে প্রচুর প্রাইজ পেতাম আপটু কলেজ লাইফ।

১৩)আমরা গড়বো নূতন দুনিয়া

০৫/১০/২০২১

আমরা সবাই মিলে এসো গড়বো এক,

নুতন শান্তি সুখের অভিনব দুনিয়ার দেশ ।

যেখান থাকবেনা কোন দৈন্য দুর্দশার লেশ,

ভরবে প্রাণ পরশে পরের সুখ দেখিয়া,

অন্যের সুখে শান্তিতে মন যেন উঠবে মাতিয়া।

মা বলে ডাকিতে সদা যেন প্রাণ করে আনচান,

মায়ের মধূর পরশে হয় যেন সকল দুঃখের অবসান!!

অন্যের সুখ ছিনিয়ে নিতে চলবে না হানাহানি,

মা বলে ডাকিলে মোদের জুড়াবে প্রাণ খানি!!

মুখে নয় শুধু সবকো উন্নয়ন সব্ কো সাথ বিকাশ।

বড় বড় আশা যেন,শেষে করে না মোদের হতাশ !!

জিতিতে জাতিতে বিভেদ গড়িয়া মুখে শান্তির বুলি

আওড়িয় না ভাই ,দিওনা দেশে আগুন আর জ্বালি!!

মায়ের চেয়ে মাসির দরদ মুখে না আওড়িয়ে

দেশ গঠনে সাহায্য করো সকলের ,ডাকে সাড়া দিয়ে

আমরা বাঙ্গালী দেখতে চায় বাঙালির উন্নয়ন,

দেখিয়া বাঙ্গালীর উন্নতি ,জুড়াই যেন এই দু নয়ন।

দেখবো শিয়োর বাঙ্গালী উঠবে উন্নতির শিখর চূড়ে,

একদিন না একদিন বাঙ্গলা,সোনায় দেবে সম্পূর্ণ মূড়ে।

আল্লাহ করলেন মানুষ সৃষ্টি,মানুষ সৃষ্টি করলো জাতি,

মানষের দক্ষতার মূল বেশী হ'ল তাই নিয়ে মাতামাতি ?

১৪) স্কুল জীবনের সফলতা

রবীন্দ্রনাথ ঠাকুরের বিসর্জন গল্পের রাজা গোবিন্দ মাণিক্য চরিত্রের পাঠ আমাকে করতে সুযোগ দিয়ে ছিলেন মাননীয় প্রধান শিক্ষক ধীরেন সেন মহাশয়। যার স্নেহধন্য হয়ে জীবনে সফলতা অর্জন করতে পেরেছিলাম আমরা তিন বোনই। ঊনিশ শো সাত চল্লিশ সালে যখন হিন্দু মুসলিম রায়োটস হয়, তখন আমরা তিন বোনেই বর্ধমানের মিউনিসিপ্যাল গার্লস স্কুলে পড়তাম, দুই দিদি নাইন, টেন, আমি ফাইভে।

জমজমাট মামার বাড়ি প্রায় শূন্য। এক বড় মামী আর ছোট মামা বাড়িতে আছেন তাছাড়া সকলে বামুন পুকুর গ্রামের জমিদারি বাড়ীতে বেড়াতে গেছে।আমি মামার সঙ্গে বই কিনে রাস্তায় দেখি বিরাট হৈচে ছুটা ছুটি!কি ব্যাপার?

না ,ওই জুম্মার নামাজ পড়ার সময় কোন দুর্বৃত্ত রায়োট লাগানর জন্য নামাজ পড়ার মসজিদের ভিতর

কতক গুলি শূয়োরের বাচ্চা ঢুকিয়ে দিয়েছে।

এতে দারুণ গোলমাল মারামারি।

মোবারকের বড় জুতো ও কাপড়ের দোকানে দাউ দাউ করে আগুন ধরিয়ে দিয়েছে, রাস্তায় লোকের দৌড়াদৌড়ি।

মামার মুখ শুকিয়ে চুন। আমাকে নিয়ে বর্ধমানের

স্টেশানে ট্রেনে তুলে দিতে গেলেন।

আমাদের পাশের গ্রাম নিমোর কতক গুলি

হিন্দু ও মুসলিম কলেজের চেনা ছাত্র কামরায় ছিল।

মুসলিম ছেলেদের মুখ শুকিয়ে চুন। হিন্দু ছেলে গুলি এগিয়ে এসে হাত ধরে নিজেদের পাশে বসিয়ে মামাকে বল্লো আপনার কোন চিন্তা নেই আমরা চিনি এদের,

এরাআমাদের জমিদার বাড়ির মেয়ে।

কত কষ্টে লেখা পড়া করছে। আমরা এদের কত শ্রদ্ধা করি।এদের আমরা বাড়ী পৌঁছিয়ে দেব।

দিয়ে ও ছিল তারা।

সদ্য ক্লাস ফাইভে উঠে ছিলাম বলে নূতন ক্লাসের

বই কিনতে গেলাম কিন্তু আমার বই কিনা আর

হলো না। পড়া ও শেষ হয়ে গিয়েছিল। ভাগ্যে আব্বা

পূর্ব বঙ্গ থেকে তাদের এনে ছিলেন, তাই তাঁদের প্রতিষ্ঠিত বোদ্দিডাঙ্গা গার্লস স্কুলে ভর্তি হই। বড় বোন

একা ক্লাস টেন, মেজ বোন ক্লাস নাইনে

তার সাথে তিন জন আব্বার বন্ধুর মেয়ে নিয়ে, আর

আমি ক্লাস ফাইভে পাঁচ বন্ধু নিয়ে। তার পরের ঘটনা

আগেই বলেছি। পূর্ব বাংলার সম্বন্ধে যেটা লিখেছি।

১৫) আমরা বাঙ্গালী

আমরা দুটি ভাই মোদের কোন বিভেদ নাই,

আমরা বাঙ্গালী, হাসি খেলি একি সাথে বসে খাই।

একজন পরিচিত হিন্দু বলে অপরে মুসলমান,

বিদ্যাবুদ্ধি নানা গুণে সমৃদ্ধ মোরা সমান।

স্কুলে কলেজে বিশ্ববিদ্যালয়ে পড়ি যখন,

গলায় মালায় ভাব এতো ,চেনাই ভার তখন।

কে যে কোন গোত্রের ,কি যে তাদের জাত,

মিলে মিশে এক হয়ে যায়, সব হয়ে যায় নস্যাৎ।

বাংলার বিখ্যাত বাংলা দরদী কবি প্রিয় নজরুল

বিখ্যাত কবিতা,লিখে,গেছেন

একই বৃন্তে মোরা দুটি ফুল

এই ভাবনাই আমাদের যেন কোনদিন পড়েনাকো ছেদ

এক সঙ্গেই বাস করবো মোরা ভুলি সব ভেদাভেদ।

কবি লিখেছেন ভারত আমার ভারতবর্ষ ধন্য তুমি ধন্য হে
তোমাকে আমরা লভিয়া জন্ম ধন্য হয়েছি ধন্য হে!!

১৬) ফড়িং ভায়ার কি আনন্দ

১১/০২/২০২১

আমি হবো কেবল বোরিং,আর তুমি হবে বুঝি শুধুফড়িং?

বেড়াবে কেবল নেচে নেচে ,ঘুরে ঘুরে, তিড়িং তিড়িং।

নাই ভাবনা নাই চিন্তা বাঁচার না বাঁচা!!

সময় এলে ঠিক চলে যাবে ছেড়ে ,তোমার এই সুন্দর সোনার খাঁচা।

আমরা মানুষ জন্ম থেকেই, ভেবেই হই কেবল সারা!

কি করে করবো পরিবর্তন ,জীবনের এই সব বিদকুটে ধারা?

নিজের দুপায়ে দাঁড়াতে গেলে ,হচ্ছি কেবল ই খোঁড়া

জীবনে দেখি আমার কিছুই নাই ,এক মাত্র চিন্তা ছাড়া।

বড়োলোক কয়জনই বা আছে বলো করছে সুখেসংসার?

চারিদিকে শুনি কেবল অভাব অভাব এই নিয়েই চলে

শুধু হাহাকার!!

যত দিন না যাচ্ছে মানুষের সংসার চালাবার সাথে,

ছেলেদের লেখাপড়া ও মানুষ করার চিন্তা মাথে!

সাদা সাড়ি পরে সবুজসাথি গড়ে নিজেই মরছেন

নিজেই একা দিদি জুঝে!!

তাদের শিক্ষিত করে গড়তে তুলতে গেলে বহু স্কুলের হয় প্রয়োজন।

স্কুল তৈরীর জন্য বহু অর্থের করা উচিত নানাবিধ আয়োজন।

মোদী বাবু নাকি উঠে পড়ে লেগেছেন সার্থক করতে তার তোমার এই অভিলাষ।

বাংলার জন্য লেখাপড়া নিয়ে চিন্তা করার মতো নাই

তাঁর কোনো অবকাশ!!

সাদাসাড়ি পরে সবুজ সাথি গড়ে নিজেই একা যাচ্ছেন জুঝে।

বাংলার শিক্ষার উন্নতিতে মদী সরকার আছেন

চোখ খানি তাঁর বুজে?

বাংলায় তাঁর আধিপত্য বিস্তারে ,লেগেছেন উঠে পড়ে

করোনা বিজয়ী অমিত সাহের কাছে ,সম্ভব সবই

করোণাও পড়লো ভয়ে সরে।

অমিত সাঃ বাবু এতো দাপট তোমার ,ঝাড়ো নাএকটু কেশে!!

করোণা তোমায় ছেড়ে ,কি করে,ছড়ালো এত মারাত্মক ভাবে আমাদের এই বাংলাদেশে?

ওরে বাবা মৃত্যুঞ্জয়ী তুমি ,করি আমি তোমায় নমস্কার

মৃত্যু তোমায় দেখে ভয়ে পালাই যখন, আমরা তো

বলো কোন ছার?

১৭) প্রিয় মাতৃভূমি কাঁঠালগাছি

২৯/০৮/২০২১

আমার চিরপ্রিয় মাতৃভূমি

আমি তোমার কাছে চিরঋণী

শিশুকাল থেকে এমন কি -

আমার সারাটি জীবনভ'র

জুগিয়েছো প্রেরণা যতো সব

সব কাজেতেই,দিয়ে মনের জোর।

ঈশ্বর বা আল্লাহ মালিক বলো

আমার দিকে কঠোর নজর দিয়ে

গড়লেন আমায় তাঁরই কৃপা দিয়ে

যত রকম বিপদ এসে ছিলো

জীবন গড়ে তোলার কালে,

সব বিপদকেই গুটিয়ে নিয়ে

জড়িয়ে রেখে ছিলেন নিজের জালে।

ঈশ্বরকে ভালবেসে তাঁরই প্রদর্শিত পথে

চলো যদি, শিয়োর তুমি চড়বে একদিন

তাঁরই গড়া অমূল্য বিজয় রথে।

গুরুজনের আদেশ মেনে সম্মানের সাথে,

চল্লে মেনে ,গড়বে জীবন তাঁদেরই হাতে।

সফল তোমায় হতেই হবে শক্রদের মুখে,

চুন কালিমা লিপ্ত করে দারুণ সুখে।

১৮) কালীঘাট

১৪/০৭/২০২০

কোলকাতর কালিঘাটের বড় মসজিদের কাছেই আমাদের একটা তিনতলা বাড়ী ছিল ,তখন আমার মাত্র এক বছর বয়স ছিল। অনেক বার ইতিপূর্বে বলেছি আমার চেহারা, চালচলন সবই ছিল ছেলের মত। মায়ের দুই মেয়ের পর একটা ছেলের জন্ম হোক এটা সবার ইচ্ছা ছিল। তাই বোধ হয় আল্লাহ এই ভাবে আমাকে ছেলের চেহারা দিয়ে ছিলেন। আমরা দুতলাও তিনতলায় পাঞ্জাবী মুসলিম ফ্যামিলিদের ভাড়া দিয়েছিলাম ! নীচের তলায় যে ভাড়াটিয়া ছিল তারা খুবই ভদ্র ও ভাল ফ্যামিলির ছিল ।

দোতলাতে আমার আব্বার ফুপুতো ভাই থাকতেন, মুজীবার রহমান, কোলকাতার বড় নাখোদা মসজিদের ইমাম।

চাচীর একটা মেয়ে ছিল, বুবুদের চেয়ে বয়সে বড়। নাম ছিল ডলি। ওদের মধ্যে খুব ভাব ছিল প্রায় ওরা আমাকে নিয়ে পার্কে বেড়াতে যেত। নিচে তলায় যে

পাঞ্জাবি মুসলিম ফ্যামিলি থাকতো তাদের সাফফো

নামে একটা ছোট মেয়ে ছিল সে আমায় প্রায় কোলে

নিয়ে নীচে নিজেদের ঘরে খেলা করতো।

আর প্রচন্ড ঝাল ডাল আমাকে খাবার জন্য দিয়ে মোড়াতে বাটি সুদ্ধ বসিয়ে দিত, আর ঝালে আমার দুচোখ ভরে পানি পড়তো।

মা ছুটে এসে হাত থেকে বাটি কেড়ে নিয়ে খুব বকুনি দিত।

আবার কখন কখন আলুর হালুয়া, বুটের হালুয়া খেতে দিত। বাড়ীর সামনেই বিরাট ম্যান্‌হোল নর্দমা ছিল,

বর্ষার দিনের বৃষ্টিতে সেটাতে পানীর বন্যা বয়ে যেত।

খাওয়া শেষ হলে আমি সেখানে এক পা,দুই পা করে গিয়ে সামনে ড্রেনটার কাছে গিয়ে বসতাম, ড্রেনের পানির শোভা দেখতে।

একদিন ঐ ভাবে গিয়ে বসেছি। সংগে আছে আমার প্রিয় খেলনা গ্যাটাপার্চারের বেশ বড় একটা রাজহাস।

আমি যেই না সেটা ড্রেনের পানিতে ছেড়ে দি অমনি সেটা শোঁ করে ভাসিয়ে নিয়ে মুহূর্তের মধ্যে কোথায় তলিয়ে দিল।

আমি কেঁদে আকুল। মা আমাকে বুঝিয়ে সুজিয়ে ঘরে নিয়ে যায়।

আবার সেই পাঞ্জাবি মেয়েটা আমাকে তাদের ঘরে এনে বড় বাটির এক বাটি পোস্তোর হালুয়া খেতে দেয়।

আমি অবুঝ শিশু ,সবটা খেয়ে ফেলি, মা তো চিন্তায় পড়ে যায়।

ভাগ্যিস কিছু হয়নি আল্লাহর মর্জিতে।

পার্কে বুবুরা আমাকে নিয়ে গেলে কিছুতেই বেশীক্ষন থাকতে চাইতাম না, কি জানি কেন আমার ধারণা ছিল মা আমাকে ফেলে পালিয়ে যাবে।

এই সুযোগে আব্বা একটা মজার ফন্দী আটলো,

আমি বুবুদের সংগে পার্কে গেলে আব্বা বাংকারে যেখানে বিছানা পত্র তুলে রাখা হতো সেখানে মাকে তুলে দিয়ে লুকিয়ে রাখলো,

আমি যথারীতি বাড়ীতে এসেই তল্লাশি শুরু করে দিতাম এবং মরা কান্না শুরু করে বলতাম মা ফিরে আসেন আমি আর কোনো দিন আপনায় ছেড়ে যাব না।

মা তখন নিজের চোখের পানি ধরে রাখতে পারতেন না ।

হাউ হাউ করে কাঁদতে কাঁদতে আমায় বুকে জড়িয়ে ধরতেন।

আমার কোন দুঃখ কষ্ট হলে দেওয়ালে আমার বড় ভাই

বুলবুলের দিকে তাকিয়ে কাঁদতাম। সে আট মাস বয়সে

চলতে শিখেছিল ,চার মাস বয়সে বসতে শিখেছিল, ডিপথেরিয়ারোগে আক্রান্ত হয়ে মারা যায়।

আগের দিন এক দৃষ্টি শক্তিহীন মহিলার

এক মাত্র মেয়ে যে,

ছাড়া তার মাকে দেখাশোনার কেউ ছিল না,

ডিপথেরিয়ায় মারা যায় ।মা বলে ছিলেন আল্লাহ তোমার কোনো বিচার নাই।

অন্ধ মায়ের এক মাত্র সম্বলটাকে

তুমি এইভাবে কেড়ে নিতে পারলে! মারাতো শিশু কালেই মাতৃহীন পিতৃহীন ছিলেন, তাদের ন জেঠীমা তাদের সাত ভাইবোনদের মানুষ করে ছিলেন।

আল্লাহর, বিচারের সমালোচনার জন্য,

মাকে তিনি ধমকে দিয়ে মুখটা চেপে ধরে বল্লেন

এত সাহস তোর, তুই আল্লাহর বিচার করিস।

রাতারাতি বুলবুল ভাইয়ের প্রচন্ড জ্বর আসে,

আব্বা কোলকাতয় মাস্টারি করতেন।

সেই দিনই বর্ধমানে মামার বাড়ি এসে ছিল।

সারারাত ডাক্তারের সঙ্গে রাত জাগা, জ্বর ছাড়লে ভাল

মনেকরে ডাক্তার বাড়ী গেলেন সঙ্গে সঙ্গে আবার প্রচন্ড জ্বর,

ছয় সাড়ে ছয়। ডাক্তার এলো বল্লো ডবল নিমোনিয়া হয়ে গেছে।

আর বাঁচানো গেলনা। কবি নজরুল ইসলামের ছেলের নাম ছিল বুলবুল ,সেও আট মাস বয়সে মারা যায়। আমার বুলবুলভাই ঐ অল্প বয়সে যা গুণ ও মেধা নিয়ে

জন্মে ছিলো তা অবর্ণনীয়। বুলবুল নাম দিয়ে ছিল।

বুলবুলি পাখির মত ভোর বেলা সবাইকে শিশ

দিয়ে জাগাতো বলে। কবি নজরুল ইসলামের

ছেলের নাম ছিল বুলবুল , তাই দুই জনাই বুলবুল

পাখি হয়ে উড়েচলে গেল। ঐ জন্য পাখীর

নাম ছেলেদের রাখতে নাই যেমন ময়না, টিয়া।

১৯) খন্নান ইটেচোনা মহাবিদ্যালয়

২৮/০৮/২০২০

আমার শ্রদ্ধেয় প্রিন্সিপ্যাল গোপাল চন্দ্র মজুমদার,আমার পিতৃতুল্য এখন আপনি কোথায় বিরাজকরছেন? স্বর্গের সব চেয়ে উচ্চ শিখরে নিশ্চয় বিরাজমান আছেন। আপনি যেখানেই থাকুন আল্লাহ যেন আপনাকে নিজ হেফাজতে রাখেন দোয়া করি ।আপনি মানুষ না আল্লাহর একজন প্রেরিত মহাপুরুষপ্রশ্ন জাগে মনে?সংসারি হয়েও সন্যাস জীবন যাপন মহত্ত্বের পরিচয়। শিক্ষকতা পেশা হলো সর্বোচ্চ ও উৎকৃষ্ট পেশা! আপনার শান্ত, স্নিগ্ধ বৃদ্ধ মিস্টি, চেহারা আজওআমার স্মৃতি পটে জাজ্বল্যমান। বর্ধমানের মহারাণী মহিলা কলেজে বি, এ পাশ করার পর প্রথমে বাংলাঅনার্স দুই বছর পড়ি, তারপর আমারি আত্মীয় বর্ধমানের এক স্কুল হেডমাষ্টার মশাই আমাকে যুক্তি দেন, লুটিতো ভান্ডার, ইংলিশ অনার্স একটাসম্মৃদ্ধ ভাষা, পড়তে হলে ওটাই পড়ো। তাই উনার কথা মত বাংলা ছেড়ে ইংরাজী পড়বো স্থির করলাম। কিন্তু নতুন নতুন কলেজ খুলেছে বলে ইংলিশে অনার্স খোলেনি। কাজেই গোপাল বাবুর ইটেচোনা কলেজে স্পেশাল ইংলিশ অনার্স নিয়ে ভর্তি হলাম। শুরু হলো জীবন যুদ্ধ। অতদূররসুলপুরের অজো পাড়া কাঁঠালগাছি গ্রাম থেকে মাইল দুই হেঁটে আবার খন্যানে মেঠো আল ধরে, তাঁরকলেজে পড়তে আসায় তিনি মুগ্ধ হয়ে ছিলেনআমার প্রতি, এতটা দূর খন্নানের কলেজে ভর্তি হওয়ার জন্য। বাংলাদেশী মানুষ, নৈতিকতা বোধ অতি উচ্চ ও সৎ । তাদের মধ্যে সংকীর্ণ জাতি ভেদাভেদের কোন প্রশ্নই থাকে না। ইংলিশ অনার্স প্রথম পেপার পরীক্ষা দেয়ার পর, পরের দিন

দ্বিতীয়পরীক্ষা দেয়ার পর, পরের দিন বাড়ী ফেরার জন্য খন্নান স্টেশান পথে রওনা হলাম। পরীক্ষা ভালোই দিয়ে ছিলাম। রেল গেটের কাছে আমি আর প্রিন্সিপ্যাল দাঁড়িয়ে, আপ এবং ডাউনের দুই লাইনেরই সিগনালডাউন। হঠাৎ চোখে পড়ে রেলের পাথর সরানোর শ্রমিক দের দুটো শিশু বছর তিনেকের হবে রেললাইনের মাঝখানে বসে পাথর নিয়ে খেলা করছিল। গোপাল বাবুর ধুতি পাঞ্জাবির সঙ্গে ছিল সাদা খদ্দোরের শাল। উনি স্থির থাকতে না পেরে ছুটে ঝাঁপিয়ে পড়েন বাচ্ছা দুটোর উদ্ধারে। বাচ্চা দুটো প্রাণে বেঁচে গেলেও প্রাণে ফিরলেন নাদয়ার সাগর স্বর্গীয় গোপাল চন্দ্র মজুমদার! অনার্সের তৃতীয় পরীক্ষা দিতে গেলাম বুকে নিয়ে তীব্র একরাশ বেদনা আর চোখের নিরন্তর পানিনিয়ে, পরীক্ষা ঘন্টা দেড়েক হতে না হতেই ধেয়েএলো সুবিখ্যাত সাইক্লোন টর্নেডো। তাড়াতাড়ি ক্লাস রুম ছেড়ে ট্রেনের উদ্দেশ্যে রওয়ানা দিলাম। কান্নায় বুক ফেটে যাচ্ছে জানা প্রশ্ন ছেড়ে আসতেহলো বাড়ি ফেরার তাগিদে,না হলে উপায় কি ছিলো ট্রেন মিস করলে? মেয়ে হয়ে কি অত রাতে বাড়ি ফেরা যায়? তবুও ভালোই রেজাল্ট হয়ে ছিলো। ব্যাঁকা ব্যাঁকা টানা হাতের লেখা মাঝখানে লাল বড়স্টার চিহ্ন। সকলকে মুগ্ধ করতে পেরে ছিলাম। আব্বা, মা, এমনকি আমার স্বামী পর্যন্ত। তখন পড়াশুনার করার এত সুযোগ সুবিধা ছিল নাআর উৎসাহ ও ছিলনা। আমার বুবুরাও চেষ্টা করে ছিল, কিন্তু পড়া শেষ করার আগেই বন্ধ করে দিতেহয় নানা কারণে। কিন্তু হায় কোথায় গেলো আমারসেই কষ্ট অর্জিত ইংলিশ অনার্স এর সার্টিফিকেট? চাকরীর খোঁজে বাসে এখান সেখান ঘুরতে ঘুরতে তাড়াহুড়ো করে নামবার সময় সার্টিফিকেট দুটোবাসে প্লাস্টিক থলিটা ফেলে নেমে চলে আসি। এ ব্যথা এ দুঃখ বেদনা ভোলার না। যত দিন বেঁচে থাকব। অবশ্য নিজের গ্রামে নিজের এবং কয়েকজনার চেষ্টায় একটা স্কুল খুলি ,বার বছর সেখানে নিজের ইচ্ছাই বিনা বেতনে খুশী মনে সার্ভিস দিয়েছিতার পর অল্প বয়সেই স্বামী সাঁইথিয়া কলেজে কর্মরত

ইংলিশের প্রফেসর থাকতে থাকতেই হার্ট এটাকে মারা জান, তার আগে প্রিন্সিপ্যাল মারা যাওয়ায় নুতন কাউকে নিয়োগ করার ক্ষমতা কারো ছিল না বলে আরও দশ বছর ,মাত্র চারশো টাকা বেতনে আমাকে ক্লারিক্যাল পোস্টে কাজ করতে হয়েছিল ।নাবালিকা মেয়ে দুটোকে মানুষ করতে ও উপযুক্ত লেখা পড়া শিখিয়ে মানুষের মত মানুষ করে তুলতে আমি পেরেছি। বড় মেয়ে বি এস, সিঅনার্স, বি এড। ছোট মেয়ে বাংলা অনার্স এম, এ, বি এড। দুজনেরই ছেলে মেয়ে নিয়ে, সুখের সংসার। আমি সরকারী পেনশান ভোগী । কতবারিই ভেবেছি আল্লাহ, আপনা ভুলিয়া তোমার ই কাছে দেব জীবনোসঁপিয়া, কেহ শুনিবে না কেহ বুঝিবে না আমার হৃদয়ের যাতনা ,অশ্রু বারি ধারা ,!আপনি আসি আল্লাহ ঘুঁচাও এ মনোভার আমার!! একটি ই প্রার্থনা।

২০) ইসলাম মঞ্জিলের কথা

মায়ের বড় চাচা বরকতুল ইসলাম মেজ কৈবৎতুল ,সেজ ওবাইদুল ইসলাম ছোটচাচা আমিরুল ইসলাম প্রিয় ছোট নানা আমিরুল ইসলামের একটি বড় মেয়ে অম্বুজা খাতুন পরপর বাইশটা সন্তান। কেউ ভণে কেউবাদুতিন মাস পরেই খোসে পড়তো শেষে ছোট নানা ডাক্তারের পরামর্শে ছুটি নিয়ে হাওয়া পরিবর্তনে মধুপুর ইত্যাদি স্বাস্থ্যকর দেশে যাওয়ার রসিদুল ইসলাম বিখ্যাত রাশিয়া ফেরত এম, বি, বিস ড়াক্তারের জন্ম দিলেন। কিন্তু সারাভারতে এমন কি বাংলাদেশেরও মেয়ে ওনার পছন্দ হলো না। রাশিয়ান মহিলা ডাক্তারকে বিয়ে করে সেখানের বাসিন্দা হলেন। ছোট মেয়ে বদরুননেসা বা মীরা খালা ছোট মামা আমিনুল ইসলাম কেবিয়ে করেন, ছোটো মামা আমিনুল এর ছিলো ফ্লাইটে চাকরী বাংলাদেশে। রসিদ মামা ডাক্তারের মায়েরনাম ছিল আমাতুন জোহরা খাতুন। আমি তাঁর খুবপ্রিয় ছিলাম হয়তো মেয়ে হয়েও পুরো ছেলের মতোচেহারা হওয়ার জন্য। খুব সূচীবায় গ্রস্ত ছিলেন। কিন্তু আমার সাতখুন মাপ। আমার জন্য যত খাবার রাখা। আমি আবার তা সাপ্লাই দিতাম মীরা খালা ও বুবুদের।উনি, টের ও পেতেন। মায়ের দাদী ছোটছোট ছেলেমেয়েদের রেখে অল্প বয়সে মারা যান। সেইজন্য দাদোআর একজন খোঁড়ির মেয়েকে বাধ্য হন বিয়ে করতে। আমি বড় মা বলতাম বড় মাও খিটখিটে ছিল।কিন্তু আমায় খুব ভালো বাসতেন। ডাকতেন কেকা না বলেকাকা বাবু আর ছোট নানি ডাকতেন কিকূ বলে। আমি বড় মায়ের পানের বাটা থেকে খালা ও বুবুদের পানমসলা সাপ্লাই দিতাম, বড় মা জানতেও পারতেন না।এই, ছিল আমাদের ছোটবেলার আনন্দ মুখর দিনগুলি কোথাই যেন হারিয়ে গেছে?

আমাদের প্রত্যেকঅনুষ্ঠানে মামার বাড়ির উপস্থিতি থাকা যেন কম্পালসারি ছিল। মীরা খালার কণ্ঠ সুর ছিলো মধুর চাইতেমধুর। ওঁর কাছ থেকেই আমি গান গাইতে অনুপ্রেরণাপেতাম। এবং আমারো গান শুনতে ভালো বাসতেন।

২১) পূর্ববঙ্গ থেকে

০২/০৮/২০

পূর্ববঙ্গ থেকে যে সব হাজার হাজার হিন্দু ধর্মাবলম্বী শরণার্থী মানুষ আমারই কাকা জ্যাঠামশায়দের সহযোগিতা পেয়ে এদেশে, এসে ছিলেন ,কারণ তাঁরা ঐ দেশে উচ্চপদস্থ অফিসার, জেলার ইত্যাদি নানা রকম কর্মে নিযুক্ত ছিলেন । ফলে তাঁরা ওদের জন্য ট্রেন রিজার্ভ করে দিতেন।ঐ সব মানুষজনবাংলাদেশের ঢাকা, চউগ্রাম, ময়মনসিংহ এইসব জায়গা থেকে তাদের পশ্চিম বাংলায় আনার জন্য বাবার কাছে চিরদিন খুবই কৃতজ্ঞ ছিল। বাবার জন্যইতারা ঐ সহযোগিতা পেয়েছিল। তখন ঊনিশশো সাতচল্লিশ সালের রায়োট চলছিল, বাবার সঙ্গে একমেমারি হাই স্কুলের মাস্টার মশাই এর সাথে পরিচয় হয় উনার নাম খগেন চ্যাটার্জি,উনি প্রায় আমাদের বাড়ীতে আসতেন হাতে থাকতো মিষ্টিরভাড়। খগেন,বাবু আপনার ছেলে রতন দা ও মেয়ে সান্তনাকে চিরদিন মনে রাখবো, তার সাথে আমার শ্রদ্ধেয় প্রধান শিক্ষক মন্মথো ওয়াদেদার মহাশয়কে, ধীরেন বাবু ও রেনু দিদি মনিকে। আজ তারা কেউ বেঁচে নেই। আছে তাদের সেই মধুর স্মৃতি, তাদের পবিত্র হাতে, তুলে দেওয়া আমার ছবি আঁকার,ও ছোট গল্প লেখার পুরস্কার সমূহের। আমি তোমাদের কাছে চিরকৃতজ্ঞ থাকব, চিরঋণী হয়ে রইবো। এটাই আমার আত্মকাহিনী হয়ে বিরাজিত থাক যুগ যুগ ধরে এটাই হোক আমার কাম্য। হেডমাস্টার মশায়ের জন্য জীবনে তিন বোনেই ফ্রীতে পড়ি। বুবুরা পড়াশোনাতে দারুণ ভাল ছিল তাই মাস্টার মশাই এর সহযোগীতায় স্টাইপেন্ড পেয়ে পড়াশোনা করেছে।

আর আমিও উনার সাহায্যে স্টাইপেণ্ড পেয়েছিলাম। পড়াশোয় অনগ্রসর জাতিদের জন্য একটা স্টাইপেন্ড দেওয়ার ব্যবস্থা ছিল। সেই সুযোগ কলেজ লাইফ পর্যন্ত চালিয়ে দিয়ে ছিলেন খালি পরিক্ষা ফিটা দিতে হত।

২২) আমাদের ঐতিহ্যপূর্ণ গ্রাম কাঁঠালগাছি

২৪/০২/২০২১

কাঁঠাল ,আম, জাম, তাল, বেল, ফলসা ও লিচু বাগানে ভরা আমার মধুর জন্মভূমি কাঁঠাল গাছিআজও তাই আমি তোমাকে ভালবাসি। আমড়া ও চালতা গাছের জন্য ভিড় লেগেই থাকতোবাড়িতে। আমার বাড়ীর ভিতরেই খাজা ও মধুচুসকি চার পাঁচটা গাছ ছিল তাই হয়ত নাম ছিল এর কাঁঠালগাছি গ্রাম।ডালিম ও বেদানা গাছও ছিলো। বাড়ির পাশেই বয়েযাচ্ছে দামোদরের শাখা নদী গাঁগুর। আমরা নামজাদা চোদ্দো পুরুষ জমিদারের বংশধর, জমিদারি ছাড়া নিজস্ব জমিজমাও ছিল প্রচুর। পুকুর ভরামাছ গোয়াল ভরা গরু ছাগলের মেলা পাকা খেজুরেভরা ডাল, হিজল গাছে হিজল ফুলের লাল ঝুলন্তমালা। এর কাছে স্বর্গপুরী কোথায় লাগে? এখন গাঁগুর নদীর সংস্কার করে বিশাল পাড় তৈরী করে নাম দিয়েছে ডি, ভি, সি, ক্যানেল । আগেঐ গাঁগুরের সাথে পাশেই নালা কেটে দেওয়া থাকতো। ভ্যারাইটি মাছের হৈ হৈ থাকতো না। চাচাতো ভাইদের সাথে আমিও ছিপে মাছ ধরতে শিখেছি। মাছ ধরার নেশা আমায় পেয়ে বসতো। বদনা ভর্তি মাছ এনে মাকে দিতাম। ঐ মাছ ভাজা ভাত খেয়ে নিমোর পাঠশালায় পড়তে যেতাম। বাঙাল চাকর ঈদরিসের সঙ্গে। ও যেতে যেতে বাংলা দেশী গান গাইতে গাইতে আসতো "আম দরে থোকা থোকা তেঁতোই দরে বাঁকা বন্ধু"। এইসব পুরোনো স্মৃতিস্মরণ করেই বেঁচে আছি আধমরা হয়ে। আমরা বিশাল এলাকা জুড়ে এক অতি উচ্চ জমিদার ফ্যামিলি যার ইতিহাস লিখতে গেলে পেনের কালির যদি নদী হয় তবুও ফুরিয়ে

যাবে। আমরা মোঘল আমল থেকে এমনকি দেশ স্বাধীন হবার পর আমরা নাম জাদা সৈয়দ জমিদার ও তালুক দারের বংশধর নামেই খ্যাত হয়ে আসছি। যদিওজমিদারি প্রথা উচ্ছেদ হয়ে গেছে বহু দিন আগে। কিন্তু সম্মান বহাল আছে আজও। আশপাশের গ্রামের সব রকম জাতিরাই আমাদের প্রজা ছিল। প্রজারা ভালো ফসল হয়নি বলে খাজনা দিতে এসে কান্নাকাটি করলে উদারমনা দাদি আমার তাদেরখাজনা মকুব করে দিতেন।খাজনা ছিল তখন কার ,আড়াই টাকা থেকে, তিরিশ টাকা সত্তর থেকে আশি বিঘে জমিদারি ভোগদখল কারিদের। আগে আমাদের গোমস্তাগিরী করতো নকল মিঞাদু কড়ি মিঞা নামক ব্যক্তি। সালাম মিঞা লোকটাখুব কূটিল প্রকৃতির ছিল যদিও তার মাকে, দাদিবলতাম। উভয়েই আমাকে খুব স্নেহের চোখে দেখতো,বাড়িতে ডেকে ভালো মন্দ খাওয়াতো। ছোটো ছিলাম। তাই সেকালে রেশান ব্যবস্থা চালু ছিলো। সালাম,ওর ছেলে ও আমাকে সঙ্গে নিয়ে সুদূর নিমো গ্রাম থেকে রেশান আনায় সহযোগিতা করতো। কিন্তু পাশের বাড়িতে আব্বার চাচাতো ভাই শয়তান কালু মিঞার সাথে ওর খুব দোস্তি ছিল। তাই আব্বা ওর ঐ সহযোগিতা পছন্দ করতেন না। বলতেন এর পেছনে লুকিয়ে আছে কোন দুরভিসন্ধি। ও সি, পি,এম পার্টি করত আর আমরা ছিলাম কংগ্রেস সরকার ভুক্ত। তখন সিপিএম পার্টি তাদের দলের খরচার জন্য লোকের বাড়ি বাড়ি ধান তোলাবাজি সিস্টেম চালু করে। সালাম মিঞা সিপিএম নেতা ,তোলা ধানের মরাই মরাই ধান ওর বাড়িতেই থাকতো আর কিছু দিন পর হাপিশ করে দিতো। কিন্তু এই পাপ বেশী দিন বহাল ছিল না তাই আল্লাহ এর শোধ নিলেন। পাড়াতে কংগ্রেস, সিপিএম দাঙ্গা বাধলে ওকে আকাশ পারের টিকিট কেটে দুনিয়া ছেড়ে চলে যেতেহলো। কিন্তু এর আগের বহু পাপ ওর জীবনে জমাছিল যেমন লতিফ নামক এক বাংলাদেশি ছোটো ছেলেকে কাজের লোক রেখে ছিল। খাওয়া পরা ভালপেতনা বলে কিছু টাকা নিয়ে কেটে পড়ে এবং দুর্ভাগ্য ক্রমে বেশী দূর যাবার আগেই

ধরা পড়ে যায়মাঠের পথে। বাস! আর যায় কোথায়? শাস্তি স্বরূপগ্রীষ্মের প্রখর রোদে উঠনে ফলশা গাছে বেঁধে নিরম্বু উপবাসে দুতিন দিন রেখে দেয়। প্রথম বৌ কোমুকে উৎপাতে তাল্লাক দেয়। দ্বিতীয় এক বয়স্ক মহিলাকে নিকে করে ঘরে আনে। তার সাথেও খারাপ ব্যাবহার করে। সেই মহিলা কাজের সেই ছোট ছেলের উপর নির্যাতন সহ্য করতে না পেরে লুকিয়ে লুকিয়ে পানি খাওয়াতে গিয়ে ধরা পড়ে যায়। ফলস্বরূপ পাপিষ্ঠের হাতে তাকেও পানিতে ডুবিয়ে গলা টিপে হত্যা করে। চাকরটা যখন না খেয়ে গরমের রোদে পুড়ে মরে যায়, তখন সেই উঠনে ফলসা গাছ তলাতে পুঁতে ফেলে। কিন্তু এর কিছু দিনপরে দুর্গন্ধে পাড়ারলোক গলা পচা দেহ উদ্ধার করে তখন ওকেও ঠেঁগিয়ে হাত পা, মাথা ভেঙ্গে মেরে দেয়। কিন্তু গ্রামেরলোক সহমত পোষণের ফলে গ্রামে কোনো ঝামেলা শুরু হয়নি। আল্লাহর সম্মতি থাকলে এই রকম সাজা মানুষ পেয়ে থাকে মানুষের হাতেই। সালাম মানেশান্তি নামের মর্যাদা পূর্ণ করেনি। তাই বলে প্রবাদ "টিট্ ফর ট্যাট" ,ইটটি শুনলে পাটকেলটি খেতে হয়। কাজে লেগে ছিল এই প্রচলিত প্রবাদটি হাড়ে হাড়ে।

২৩) **ছবি হয়েই থেকো**

০৪/০২/২০২১

ব্যারাকপুরের ফ্ল্যাটের জানালার ধারে বসে আমি

সম্মুখে বিরাট কালো দীঘির জল বয়ে চলেছে

হেসে খল খল, গেয়ে কল কল!!

তার সঙ্গে মিশে গেছে আমার এ আঁখির জল।

কিসের জন্য তবে বল?

ঘনায়ে এসেছে কাল মেঘদল

আমিতো এখন অন্ধপথিকের দল চলেছি সাথেএকি পথের পথিক সঙ্গে নিয়ে দলবল।

দুঃখ কিসের তোমাদের এতো বলো যখন আমি যাচ্ছি । আমি শুধাচ্ছি মাঝি নাও কোন পথে বাও?

মাঝি বলে উল্টা পথে বাইছি,পেছনে ফিরা যাও!!

যে পূর্বসূরীরা ফেলে গেছে তোমাদের তাদের কাছে ধাও যদি সেখানে পূর্বপরিচিত চেনামুখ কাউকে কিছুখুজে পাও ।

মোর খোদার যত কিছু নায়াব সৃষ্টি দেখে দেখেচোখ হয়ে আছে মুগ্ধ!

এখনতো আমার দৃষ্টিশক্তি চলেছে,যাবে শীঘ্র অস্তুতাই বলি

আমার এই লেখাগুলি রেখে দিও কবরেরউপরে !!ঐ দেখে দেখে যেন আমার পূর্বসূরীদের কথামনে পড়ে!!জন্মটা হলো শুধু স্বপ্ন দেখা,মৃত্যুটা হ'লো বাস্তব।

তাইতো সেখানে নির্দ্বিধায় চ'লে যেতে পারলো ওরা সব।

২৪) ছোটবেলা

২৭/১২/২০২০

যখন আমি বাচ্ছা ছিলাম,ছিলাম বাচ্ছা পাগল,মন্দ লাগতো না ,শুয়োর ছাড়া সব কিছুরি বাচ্ছা।বিড়াল বাচ্ছা ,কুকুর বাচ্ছা ,গরু ছাগলের বচ্ছা,বাচ্ছা,বাচ্ছা বাচ্ছা সব কিছুরই, নিয়ে বাচ্ছা।ছোট বেলার সময় কেটে ,যেতো আমার আচ্ছা।চুমুর পর চুমু খেয়েও ,মিটতো না আমার প্রাণেরভালোবাসা।মা,বাবার ধমকানীতেও, ছাড়তাম না আমার এই গভীর ভালোবাসা।হরিণ বাচ্ছা দেখলে ,কালীঘাটের চিড়িয়া খানায়,সাধ্যকার ছিল সেখান থেকে, আমায় একটু নড়ায়।বিড়াল বাচ্ছা,কুকুর বাচ্ছার, ছিল নাতো অভাব,পাখির বাচ্ছা,বন বাদাড়ে খোঁজা খুঁজিই ছিল স্বভাব।খুজে পেলে সঙ্গী সাথীর হত না কোন অভাব।খেলার এক বিরাট মাঠ ছিল ,নাম ছিল ফিল্ড ,আমাদেরই।সাঙ্গ পাঙ্গ নিয়ে ফড়িং ধরা পাখির জন্য আমারনিত্যকার ছিল কাজই।ডায়ুকবাচ্ছা, কোকিল বাচ্ছা,বাচ্ছা শালিক পাখিরপেলে ,পলোক পড়তো না ,আমার এই দুটি আঁখির।বাচ্ছা আর বাচ্ছা পাগল, আমি মানুষ বাচ্ছা পেলে,যখন যেখানে যেতাম ,পঙ্গপাল শিশু যত ছুটতোআমার পিছে খেলে খেলে।এই ভাবতেই সেবায় রত ,শিশুকাল আমার কেটেছে,যায়নি কেটে মিছে।সেকালে লড়াই লড়াই করে, লেখা পড়া করেছিযথেষ্ঠ।মা বাবা ছাড়াও ,আত্মীয় স্বজনের আশীর্বাদ ওসন্তুষ্টি লাভ করেছি যথেষ্ঠ।এখন সেই কাজের মানুষ, চাকুরে ইস্কুল ও কলেজের,বয়স কালে কাটাচ্ছে সময় ,শুয়ে বসে জীবন হয়ে উঠেছে অতিষ্ঠ ।সারা জীবন শিক্ষকতাই ছিল এক মাত্র অভিষ্ঠ,সেইটুকু পেয়েই আমি আছি এখন যাহক সন্তুষ্ঠ।

২৫) কঞ্চি বনাম বাঁশ

১০/০৬/২০২১

বাঁশের কঞ্চি দিয়েই মারে লোকে,কিন্বা মাষ্টার মশাই ।আবার সেই বাঁশেতেই মানুষ তাদের,খাট টাট আর ঘরবাড়ি সব বানায়। সেই বাঁশ দিয়েই মানুষ তাদের,বানায় সখের বাঁশি, প্রাণ জুড়িয়ে দেয়।আবার দেখো ,তার সঙ্গেই খারাপ লোকেশাসাই, দেখ্ এবার কেমন বাঁশ দিই শালায়।এই বাঁশই আবার দেখো আমাদেরসবার শেষ মরণ যাত্রার সাথীশ্মশানের চিতা কিন্বা ,মুসলিমদের কবরের।তাই বাঁশ বলে বাঁশের আমি,বাঁশের তুমি, বাঁশ কি কারো কেনা ?বাঁশের আমি, বাঁশের তুমি ,বাঁশেই যায় তা চেনা।আবার দেখো আমাদের কারো চোদ্দো তলা ,রঙ্গিন রঙচঙে মস্ত বড়ো ফ্ল্যাটে, পড়ে থাকে একা একা তুমি যখন ,বাঁশের সাথে জ্বলো একা একা শ্মশান ঘাটে।কোটি কোটি টাকা ব্যয়ে বিশাল,বিরাট এই রাজ প্রাসাদ হাজার হাজার কোটি টাকা ,হাতিয়ে নিয়ে পালায় এই যে ফ্লাইটে। কত দিন আর বাঁচবে বলো ,ভোগ করবে জীবন খুশির চোটে? আকাশের কোনো অজানা দুর্যোগে ভেঙ্গে পড়ে, মহা দামি এই প্লেন ফেলতেপারে তোমায় মেরে।আহা লোক দেখানো পরের পয়সায় বড় মানুষী ।এটা কি ছাই মানাই শাসককুলের যত ছেলে মানুষী? দেশের দশের টাকা খরচ করে,দেখাও দেশের দশের উন্নতিতে।সারা দেশবাসি উঠবে মেতে ,তোমারই শুধু গুণগানেতে ।যখন গোটাদেশ জলমগ্ন তলিয়ে গেছে একে বারে জলের তলানিতে। তখন তুমি লোক দেখিয়ে বিমান চড়ে চক্র মেরেসারা আকাশ বেড়াচ্ছো, ভ্রমণ করে। কিন্তু হায় এ কেমন দ্বন্দ্ব হেরি নিজেদের নিয়ে বাঙ্গালী,বাঙ্গালীকেই সন্দেহ

করি? বিশ্বাস করিতে পারি না ,পার্টিতো দূরের কথা।বড় যে পার্টি, পার্টি বলে এসো সব দলে,ঐ পার্টির বিরুদ্ধে ।এককাট্টা হয়ে লড়ে তলিয়ে দি ,সবকে অতল সমুদ্রে।সবে বলে তাই চল যায কিন্তু ,অগাধ সন্দেহ নিয়ে বুকে।কেহ কেহ বলে ওরা দুই দলে ,একই দলের লোক বটে।লোক দেখানোর জন্য ভিন্নসুর গায় সব শয়তান গুলো মিথ্যা বলে মুখে। এই তর্জায় সরা দেশ আজ ,দোদুল্যমান কি হয় ভবিষ্যতে? দেশ রূপ তরীখানি কোন মুখে ,চলে দেখি আগামীতে!!

২৬) কি মনোরম প্রাকৃতিক দৃশ্য

১২/০৮/২০

ছেলেবেলা থেকেই আল্লাহ মালিক আমায় নানান দেশবিদেশ ভ্রমণে যাওয়ার সুযোগ করে দিয়েছিলেন। স্কুল কিম্বা কলেজের প্রতি ছুটিতেই আমরা অর্থাৎ আমি, আব্বা ও বড়বুবু কোথাও না কোথাও বেড়াতে যেতাম। মেজবুবু খুব ঘরকুনো ছিল তাই কোথাও বেড়াতে যাওয়া পছন্দ করত না, তাছাড়া সবাই মিলে এক সাথে চলে গেলে মার একা থাকতে নানা অসুবিধা হবে এই চিন্তা করেই বেড়াতে চাইত না। এক বারই আগ্রা তাজমহল ও টিপুসুলতানের সমাধি তাছাড়া মুর্শিদাবাদের কিছু বিখ্যাত দর্শনীয় স্থানঘুরে ছিল। কোন কোন উৎসবের সময় পিকনিক করতে যেত। এই ভাবে আমরা একবার, বড়চাচার মেয়ের আসান সোলের বাড়িতে গেছিলাম। দোলাভাইয়ের নাম ছিল আমীর। আব্বার দুর সম্পর্কের ভাই হত বলে ওনাদের খুব ভাব ছিল। প্রায় আমাদের কাঁঠালগাছিআসতেন। আমাদের সব চাচারাই কর্মসূত্রে ভারতের বিভিন্ন স্থানে থাকতেন , কিন্তু জমিদারির পিতৃভূমিতে বছরে একবার আসতে ভুলতেন না ।আমির দুলাভাই ছিলেন কোলমাইনের সুপার ভাইসার ও ইন্সপেক্টর। আমি তখন ছোট ঊনিশো আটচল্লিশ সালে আমি, বড় বুবু ও আব্বা দুলাভায়েরসাথে আসানসোলে বেড়াতে যায়। দুলাভাই তখন কয়লাখনির ইন্সপেক্টর ছিলেন তাই তাঁর কাজ ছিল বিভিন্ন কয়লা খনির শ্রমিকদের সরকারী খাদ্যবস্ত্র বিতরণ নিয়মিত হচ্ছে কিনা তার তদারকি করা। তারসাথে গরম কম্বল ও দেওয়া হত। শ্রমিকদের আনন্দ বিনোদনের জন্য নানা রকম সাংস্কৃতিক অনুষ্ঠান ও জলসা চলত। এর অর্থ এই এদের মনকে প্রফুল্ল ও চাঙ্গা রাখা। সেখানে একবার আমরা সবাই মিলে লিফ্টের সাহায্যে কয়লা খনির নীচে নেমে ছিলাম

।খনির গা বেয়ে অবিরত দিন রাত ঝরঝরিয়ে পানি পড়ে ঝর্ণার মত আর সেই ঝর্ণার পানিতে খনির নীচে সুন্দর সুন্দর বড় বড় লেক তৈরি হচ্ছে। ঐ পানি কুলিদের সব চাহিদা মেটাতে সমর্থ। ঐ পানিতে লাওয়া খাওয়া কাপড় কাচা, সাঁতার দেওয়া কিছুই বাকি নাই।পানির রং দূর থেকে কালো দেখালেও কাছে গেলে কাঁচের মত স্বচ্ছ। খনির ছোট ছোট রেল লাইন তার উপর দিয়ে গুড় গুড়িয়ে ধীরে, ধীরে চলেছে ওয়াগন ভর্তি কয়লা সহ গাড়ি মাটির উপরে উঠে যেতে। কাজে ব্যস্ত দরিদ্র মানুষ গুলো কিন্তু একবার আমাদের দিকে ফিরেও তাকায়নি বা কথা বলতেউৎসাহ দেখায়নি, এতো মনে ক্ষোভ দুঃখ। আবার একবার ছুটিতে পূর্ণিমাবুবু ও তার পাঁচ ছোটছেলেমেয়ে সহ রাঁচিতে গেছিলাম, সমুদ্র সৈকতে ঝিনুক কুড়িয়ে নিয়ে এসেছিলাম। রাঁচিতে যেমন বাঙ্গালী তেমনি , বিরাট বিরাট ধনী বিহারি কয়লা খনির মালিক ও ছিল। দুলাভাই ইন্সপেক্টর হিসাবে সেখানেও ইন্সপেক্সানে যেতেন সঙ্গে ছিলাম আমরা লোটা কম্বল। সেখানে ও সেই, শ্রমিক বানানো জলসা ও জাঁক জমক সব খাওনের ব্যবস্থা। তাদের হাতের তৈরি তীব্র ঝালের বাটি ভরা বুটের ডাল, থালা ভর্তি গরমগরম লুচি, মুখরোচক চাটনি, থালা ভরা এক থালাজিলাপি । আতিথেয়তার আর খামতি রাখেনি কি বাঙ্গালী কি বিহারি পরিবার। বাঙ্গালী ফ্যামিলির মালিক তো সব দেশেই কম দেখা যায়, ওরাও বাংলার লোক, বাংলা কথা শোনার জন্য উদগ্রীব হয়ে থাকত। সন্ধ্যা বেলা ধুমধাম করে শুরু হত জলসা। ওখানেও খনির মজুরদের কিছু না কিছু নিয়ে দাঙ্গা ,মারা মারি ,সামাল দিত পুলিশ, কনস্টেবল।আমরা আব্বা ওই দুলা ভাইয়ের সাথে সেই সুযোগে দুই জনই তাদের বন্দুক আর রাইফেল তাদের বিরাট পুলিশ ভ্যানে করে পাহাড়ি রাস্তা ধরে শিকারের সন্ধানে পাড়ি দিতাম বাঘ, চিতার সন্ধানে ।খোঁজমিলেও ছিল, কিন্তু তারা খুবই ধূর্ত হয় বলে শিকারীরগায়ের গন্ধ পেয়ে সেখান থেকে চম্পট দেয়। বাঘ শিকারে বিফল মনোরথ হয়ে নাচারে একটা নাচার হরিণ

শিকার করে রাতে বাড়ি ফিরলাম চোখে এক রাশ ঘুম নিয়ে। একটা জিনিস রাঁচির কালো শিমলা আঙুর আর বড় বড় ক্যাপসুল আঙুর গাছে গাছে থোকা থোকা ঝুলছে, ব্যাগ ভর্তি করে তাই সংগে নিয়ে এসে ছিলাম।গরম কাল ঐ চত্বরে বিশাল পাড় বাঁধানো কুঁয়ো ।সেখানে সেই কুঁয়োর পাড়ে চাঁদনী রাতে নির্ভয়ে ঘুমাতাম। কোন হিংস্র প্রাণী ঢুকার উপায় ছিল না। রাঁচিতেই আলিম মামা মায়ের ফুপুতো ভাইয়ের আড়াইশো বিঘাধরে একটা বিরাট বাগান বাড়ি ছিল।বিশাল পাঁচিল, বিরাট উঁচু, যাতে হিংস্র বাঘ ভালুক না ঢুকতে পারে, এমন কী নেকড়ে পর্যন্ত না। বাগানের ভেতরে প্রথম সারিতে নারকুলি কুল, বিলাতি কুল, শিয়াকুল, বৌঁচি ফলের গাছের সারি যাতে হিংস্র প্রাণী না ঢুকতে পারে,তারপর চারি ধারে কাঁঠাল গাছের সারি, তার পর দেখতে হয় হাজার রং বাহারী আম গাছ, সিঁদুরে আম, ফজলি, ন্যাংগড়াজরদালু,তোতাপুরি নানা রকম সুসাদু সুগন্ধি মিস্টি আমে ভর্তি বাগান। গাছ গুলো এমন কায়দায় মাটিতে শুইয়ে লাগানো হয়েছে যাতে আম পাড়ার সুবিধা হয়। বাগানে শুকনো পাতার নিচে থোকাথোকা আম। হোঁচট খেয়ে দেখি আমগুলো মাটির নিচথেকে আমায় উঁকি মেরে দেখছে, ভালোই হল সস্সেনিয়ে নিলাম কষ্ট করতে হল না। আমার মামা অবিবাহিত ছিলেন। পড়াশোনা নিয়ে ব্যস্ত থাকায় বিয়ে করার অবকাশ পান নি। নিজের এক পরিচিত হিন্দু বেশ ভদ্রলোক মহিলা কে তার দুই তলা একটা বাড়ি তাকে, উইল করে দেন। মহিলা সেখানে এক ছেলে ও দুই মেয়ে নিয়ে সুখে বাস করতো। তাঁর মৃত্যুর পর তাঁর বোনের ছেলে মেয়েরা বাকি অংশ ভোগ দখল করে বসবাস করে। রাঁচির আর একটা ভয়াবহ দৃশ্য। রাঁচির, পাহাড়ের জঙ্গল গুলোতে বিশাল শাল, সেগুন ,ইউক্যালেপ্টাসগাছে জড়িয়ে ধরে বিশাল বিশাল অজগর , শিকারের প্রতীক্ষায় নিথর ।বুঝার উপায় নাই ওটা সাপ না গাছের গুড়ি? বনের হরিণ কিম্বা বন শুয়োর গিলে খেয়ে চুপচাপ শুয়ে থাকবে যতদিন পর্যন্ত ওটা না হজম হচ্ছে। তার পর শিং আর মাথা ফেলে রেখে সাত আট দিন

কিম্বা তারো বেশী দিন আর কিছু খাওয়ার দরকার হয় না। ঘুমিয়ে কাটায়। আরো একটা কথা আমি ভাবি সেটা হলো আমরা নির্দ্বিধায় এত কয়লা পুড়ায় কারনে অকারনে,নষ্টও করি তেমনি, একবার কি চিন্তা করে দেখি এর পেছনে লুকিয়ে আছে কত দুঃখ কষ্ট আর শ্রম।আর বিপুল অর্থ ব্যয়। যেখানে আর বেশী কয়লা কাটলে চলবে না, সেখানে বিশাল বিশাল শাল কাঠের পাটা দিয়ে ছাদের মতো করে তাদের আটকে রাখা হয়েছে, লেখা আছে বিপদজনক, তার মানে এর পর কয়লা কাটলে মাথায় ভেঙ্গে পড়ার চান্স বেশী কাজেই ও পথে হাটবেন না। সেই জন্য আমাদের সকলকে কয়লা অপচয়,রুখতে হবে অবশ্যই অবশ্য।

২৭) ছেলেধরা

২৪/০৬/২০২১

আমার গ্রামে প্রতিদিন এক বুড়ি ভিখারী ভিক্ষা ,

নিতে আসতো আমাদের ঘরে ।

ছোট্ট আমি বাচ্ছা ছেলে ,না বুঝে যেতাম তার পাশে, বুড়ি আমাকে নিয়ে আদর করে,

কতো ভালোবাসে।

ভিক্ষা নিয়ে যাবার সময় আমার হাতটা ধরে টেনে নিয়ে যেত দরজার কাছে প্রতিদিন সাদরে।

ছোট আমি বুঝি না কিছুই যেতাম ওর সাথে সাথে হাতটা ধরে টেনে টেনে নিয়ে যেত অনেকটা দূর পথে।

এ দৃশ্য দেখে মায়ের লাগতো না মনে মোটেই ভালো। দারোগা পুলিশের বংশধরের মনে সন্দেহ তাই জাগালো।

কাছে ডেকে অনেক তথ্য নিয়ে, জানতে পারলো সেভুলিয়ে এমন অনেক ছেলে নিয়ে গেছে ছেলেধরা যে!!

গ্রামের লোকদের মা, হেঁকে ডেকে ধরিয়ে দিল। পুলিশকোর্টে তখন বুড়ির বিরুদ্ধে চলতে থাকে নালিশ। এইভাবে যে মা আমার বাঁচিয়ে দিল কত মায়ের ছেলে,কত শত ছেলেই প্রাণে বেঁচে গেল,

থাকলো মায়ের কোলে।

২৮) জয়নগরের মোয়া

জয়নগরের মোয়া হরিণ ঘাটার ঘিবাঘ বাজারের লেবু আনবি নাকি দেবু?

বর্ধমানের মিহি দানা, শক্তিগড়ের ল্যাংচাপটলের দোরমা পোলাও, কোরমা সাচ্চা তার সঙ্গে থাকে যদি খাসীর মাংসের কোরমা,

দে মা আমায় আগে খালি পেট টা ভরি মাসঙ্গে আনতে ভুলেছি আমি পাওয়ার আলা চশমা !

হাড়গোড় ছাড়া ভালোভালো মাংস যেন দিস মা।

নইলে তোর খোকা মা মরবে হাহা কার করেখেতে দাও খেতে দাও দোরে দোরে কেবল ঘুরে।

ভাবিস না যেন আমি ভবঘুরে লম্পট এক ছেলেবিশ্ব রেকর্ড করতে পারি শুধু ফুড বল খেলে।

যে কোনো কিছু শিখতে গেলে হয় অর্থের প্রয়োজন বেকারত্ব যুগে টাকার নাইযে কোনো আয়োজন!

ভ্যাগাব্যণ্ড হয়ে ঘুরি তাই দেশ বিদেশ করি!

এই ভাবেতেই একদিন হয়তো চলে যাবো,আকাশ পারের টিকিট কেটে আকাশের ট্রেন ধরি!

২৯) জাতি

১৭/০২২০২১

খুঁজে খুঁজে বেড়াই আমি

নামের কি অর্থ "জাতি"?

খুঁজে খুঁজে পেলাম না হায়

আকাশ পাতাল হন্নে হয়ে

খুঁজেছি করে পাতি পাতি!

ডুব সাগরে বেড়াই সাঁতরে

দেখা পাবার আশায়

নাকাল হলাম জীবন কাটলো

পেলাম না কোনোই তার ঠাঁই!

জাতির রং কি রূপ হয় বলতে

পারো ভাই দয়া করে আমায়?

তাহলে সব ছেড়ে দিয়ে

আমি তোমার পায়ে হাত দিয়ে

ও মাথা ঠেঁকিয়ে কুর্ণিশ জানাই।

দেখি না তারে বুঝে না বুঝে

করি সভ্যযুগে অসভ্যের আচরণ

লড়াই লড়াই দাঙ্গা, খেলা ক'রে

নিজেদের মধ্যে মরছি যুঝে যুঝে।

কতো দিনে মানুষরূপী পশু

গুলিরখুলবে মাথা?

জন্ম তো একবারই।

আমরা সব যাকে " মানুষ "বলি

এক জনমের পরে সব হয়ে যাবে

একে বারে নস্যাৎ ধূলি আর ধূলি!!

৩০) **ছোট্ট শিশুর আক্ষেপ**

০২/১০/২০২১

আমার ছোট্ট যাদু ময়না পাখি,

গায়ে প'রে রঙবেরঙের কত রকমের গয়না।

সারা আকাশ বেড়ায় ঘুরে,

উড়ে উড়েঅশান্তি ,বাধা,বা ক্লান্তি,

কিছুই কিতোদের হয় না?

আমরা যতো শিশুরা আছি, সব কিছুতেই যেন বারণ,এই করোনা ঐ করোনা, বুঝিনা তার কিছু কারণ?দেখেছি আমি বড়োরা সব, করলে হয় না কিছু ভুল, ছোটরা সব করলে একটু ভুল ,ছেঁড়ে তাদের চুল ।

এই ভয়ানক শাসন ব্যবস্থার, কবে হবে অবসান ?নিভিয়ে আঁধার,ঘুচিয়ে বাধার,ফিরে পাবো প্রাণ!!কবিগুরু রবীন্দ্রনাথ, শিশু কালে ঠিক ছিলো এই দশাঘর বন্দী থাকতেন দিবা নিশি,ছাড়া দড়ি কিম্বা রশা!!

এতো বাধা সত্ত্বেও ঘর বন্দী থেকে ভরে দিয়ে আলো,সারা দুনিয়াটা তাঁর প্রতিভায় জ্বালিয়ে আলো দিলো?

ছোটদের সব কাজেতেই শত, বাধা না দিয়ে।এগিয়ে চলো
হাতটি ধরে সঙ্গ দিয়ে, তাদের নিয়ে।

এতে করে এক দিন না একদিন শিয়োর দেখবেই তুমি,হতে
চলেছে সে বিরাট পারদর্শী দীর্ঘ পাহাড়চূড়া চুমি!!

৩১) জলের অপর নাম জীবন

জলের অপর নাম জীবন টাকার অপর নাম ফাকা

বাবার পরেই জানি কাকা,প্রয়োজনে দেয় কি টাকা?

মায়ের পরেই মাসি বাবার ঘরেই মানুষ হয় বোন পিসীকি বলে ডাকবো তোমায় পিসী স্বদেশী না ভিনদেশী মানুষে, মানুষে সম্পর্ক গেছে চুলায় মিছেই ভুলাইএই দেব সেই দেব সবশেষে শর্তখানি লুটায় ধূলায় ।

বন্যপশু বা জন্তু যা বলো না কেন বাস করে জঙ্গলে,

একসঙ্গেই বাস করে সব যায় না কেউ কারো অমঙ্গলে

সর্বশ্রেষ্ঠ জীব বলে ঈশ্বর প্রদত্ত মানুষ প্রতারিল সবে

করণা কি তাদের আসিল শিক্ষাগুরু দিতে শিক্ষা ভবেওষুধ নিয়ে ও ধান্দাবাজী চলছে বিশ্ব জুড়ে ভিন্ন

সুরে প্রধান বলে জানি যারে প্রধান যে হলেন কি করে?

তাই বলি আমি জাতপাত মন্ত্র তন্ত্র কিছুই জানি নাঈশ্বরের কাছে প্রার্থনা করি,

করি সর্বদা একই আরাধনা মঙ্গল কর মঙ্গল দাতা তুমিতো একমাত্র বিশ্বত্রাতা,

একাধারে বিশ্বত্রাতা বিশ্ব স্রষ্টা ও বিশ্বকর্তা!!!

৩২) জিন্দেগি

জীবন থেকে একটি দিন হারিয়ে গেলে পরে,

মাথা খুড়েও পাবে নাকোতুমি তারে আবার ফিরে।

মুখ থেকে বেফাঁস কথা একবার বেরিয়ে গেলে সবাই তোমায় দুষবে যেনযতই কাঁদো না না বলে।

সৎপথ ছেড়ে বিপথে একবার তুমি চলে গেলে,

বিপথ তোমায় অতি সহজেই খাবে,যেন সবটাই একেবারে গিলে।

চুরিবিদ্যা মহাবিদ্যা যদি নাপড়ো কখনো ধরা,

একবার জেনো ধরা পড়ে গেলে চিরকাল হবে জেলে বাসকরা।

কতই দেখলাম দেশের যারা মহারথী বাস করছেন হয়ে সব পরস্পরের সাথী।

কিন্তু ধড়িবাজ সমাজের কলঙ্ক যারা,

দেখো কখনো পড়বে না তারা ধরা।

এই গলদ খানি দেখা যায় বেশী ,

পার্টিতে যাদের আছে বেশি রেষারেষি ।

৩৩) **কন্যারত্ন**

এই সেই আমার কন্যারত্ন(বড় মেয়ে রেশমী) শিশুসন্তানের ছবি যা নাকি আনন্দের আলোড়ন তুলে ছিল শশুরকুল,মাতৃকুল পিতৃকুল এমন কি যত সব ওর বাবার স্কুল কলেজের কলিগদের মধ্যে।ওর জন্মে সবাই আমন্ত্রিত হয়ে ছিল সেই অনুষ্ঠানে।

সকলের মুখে একিই বার্তা, "এতো আপনি মা, ফাতেমাকে পেয়েছেন!" মেয়ে বোলে আবশোস তো দূরের কথা।

শাশুড়িরতো আনন্দের সীমা বাঁধন ছাড়া।

অতিথিদের খেদমতে হাজারবার একতলা থেকে দোতলা, মুখে পান খাওয়া লাল দুটি ঠোঁটের হাসি লাগানো শাশুড়ির।

এই সেই সোনার টুকরো রেশমী বর্তমানে কবি ও সাহিত্যিকের ছবি তুলে ধরলো যা আমার অতীত দিনের মনের অগোচরে লুকানো আছে মনের অগোচরে চোখের তারায় তারা হয়ে জ্বলছে।

তুমি আমার জন্য ফোনকে তুলোধুনা করলে?

নাফোনে তোলা থাকলে কতো ফটো এ্যালবাম নিয়েঘুরতাম, কতোই বা ঈশা খালু আব্বাস উদ্দীন নানা,নার্গিস, ফিরোজা বেগম রুনা লায়লা সঙ্গীত উৎসাহিআত্মীয়দের কন্ঠসুর শুনে হৃদয় ভরাতাম শুনি? সবতো আমাদের তথা কথিত আত্মীয় সঙ্গীতপ্রিয় গুণগ্রাহী মন্ডলী।

এখন সোনার বাংলাদেশের অধিবাসীচিনেও না চিনবে, দেখেও না দেখবে, বুঝেও না বুঝবেকতো যে ভালো বাসি, আহা আমার সোনার বাঙলা।

এখন সোনার বাংলাদেশের অধিবাসীচিনেও না চিনবে, দেখেও না দেখবে, বুঝেও না বুঝবেকতো যে ভালো বাসি, আহা আমার সোনার বাঙলা।

৩৪) জিনিসের কদর

০৬/০৮/২০২১

মা থাকতে মায়ের যত্ন করা কখনো ছেড়ো না,

দাঁত থাকতে দাঁতের কদর আমরা বুঝি না?

বড়ো হয়ে মনে কেন তোমরা ধৈর্য্য ধরো না,

ছোটোদের যত্ন নিতে যেন মোটেই, ভুলো না।

বন্ধুদের সঙ্গে যেন কোনোমতে ছলনা করো না,

সত্য কথা বলার সময় কেন সদা সত্য বলো না?

মিথ্যা কথা বললে কত যে গোনা , তাতো বোঝ না!!

ঈশ্বরের সৃষ্টজীবে, কাহাকেও যেন হেয় করো না,

সবই যেন আমাদের উপকারে,শ্রদ্ধা করতে ভুলো না।

ধনীর চেয়ে দরিদ্রের পছন্দ করেন আল্লাহ   এটাই ধারণা,

ঈশ্বর যে ত্রাণকর্তা সকল কাজেই সঙ্গে তিনি আছেন,

ইচ্ছা করলে ভিখারী করেন,বিপরীতে ময়ূর সিংহাসন !!

এ আমার সবাই একযোগে তাঁর উপাসনা করি।

দৃঢ় মনে গভীর ভক্তিতে,তাঁকেই আশ্রয় করি!!

৩৫) আমার স্বামী

আমার স্বামী ইংলিশের প্রফেসার ছিলেন ।সাঁইথিয়ার অভেদানন্দ মহাবিদ্যালয়ে ও পার্টটাইমার ছিলেন সিউড়ীর কালীগতি মেমোরিয়াল উইমেনস কলেজে। স্টোর্কে হার্ট এটাকে মারা যান।

বড় মেয়ে কবি ,সাহিত্যিক ভাল গায়িকা দুই পুত্র সন্তান। স্বামী কৃষিগবেষক ডাক্তার!

ছোট মেয়েও এম এ বিয়েড। স্বামী ফায়ার বিগ্রেডার। তিন সন্তান,একটি পুত্র সন্তান আর দুটি কন্যা সন্তান। বড়টি এম, এ, পাশ মেজটি টুয়েল্ভ, ছেলেটি টেনে পড়ছে।

আমার ছোট মেয়ের নাম সামীমা সুলতানা।

আমার বড় মেয়ে হচ্ছে রাফিয়া সুলতানা, কলির ,মা ফাতেমা বেগম। জানিনা আমার মেহের বান আল্লাহ তালা কি গুণ দেখে আমায় এত দামী ধর্মপরায়ণা মেয়ে দিয়ে পুরস্কার দান করলেন।

লাখ লাখশুকুর জানায় প্রিয় আল্লাহ তোমায়। ওর দুই ছেলে।ওরা যেন সারা জীবন সুখে থাকে ও দীর্ঘজীবি হয়।

৩৬) ছোটবেলার গল্প

০৪/০৯/২০২০

ফেসবুকে অনেক সুন্দর সুন্দর গল্প পড়ি, এবার তোমাদের, আমার ছোটবেলার গল্প কিছু আমি তোমাদের শোনাব শোন। আমি যখন ছোট ছিলাম ছোট থেকেই আমি গরু, ছাগল, কুকুর, বিড়াল ভক্ত ছিলাম এমনকি হাস মুরগী, রোড আইল্যান্ড রেড ,লেগহর্ন সাদা রঙের ইতালির মুরগির বাচ্ছা মেদিনীপুরের ফার্ম থেকে বাবাকিনে এনে ছিলেন । তাদের বড় করার দায়িত্ব আমার উপর পড়েছিল ।কারণ কাজটা যে আমিপছন্দ করি। এই ভাবেই চলত লাল মুরগী সাদা মুরগী পালন। শিয়াল কটাশের উৎপাত ছিল,কিন্তু জার্মানি একনলা হালকা বন্দুক যেটা ,সবার পক্ষে সম্ভব ছিল যেমন ,মা ও আমিফায়ার করতাম এবং সাক্সেসফুলও হতাম। হামেশাই বিষাক্ত সাপ মারতাম যারা নাকি ,পায়রার বাচ্ছা, বিড়াল বাচ্ছা খেতে আসত।

তাছাড়া অস্ট্রেলিয়ান জার্সী গরু ও কালো মুরগী চিনেহাস, রাজহাঁস, সাদা খরগোশ শ্বেত ইঁদুর বিলাতি কুকুর , নাম জিমি, খরগোশটার নাম ছিলো ববি। আমি এদের খুব ভালো বাসতাম ও যত্ন নিতাম। এরা ছিল আমার ছোট বেলার খেলার সাথী। আচ্ছা এখন যে কথা বলছিলাম, সে কথায় আসা যাক। কথাটা হচ্ছে হনুমান আমাদের পূর্বপুরুষ,প্রাচীন বৈজ্ঞানিকদের মতে। তেমনি অনেকের মতে,গরু আমাদের মা, আমার প্রশ্ন কেন গরুর দুধখাই

বলে গরু আমাদের মা, তবে ছাগল কেন না, ছাগলের দুধতো অনেকেই খায় আর উপকারিও। গান্ধীজী ও খেতেন।আমার ঠাকুর মা নামি দামি, ছেলেদের বাড়িতে দেশবিদেশ ঘুরে বেড়াতেন, রিজার্ভেশান ট্রেনে চড়ে সংগে থাকত ছাগল, নাম ছিল, লখিমন, তার দুধ খেতেন বলে। আর এই সুবিধাটা করে দেওয়া হত সরকারী তরফ থেকে কারণ, তিনি ছিলেন হেদায়েতউল্লার মাবিলাত ফেরত, বিজ্ঞানী ডক্টরেট সৈয়দ হেদায়েত উল্লা চৌধুরীর বিভিন্ন ফসলের বীজ আবিষ্কারক। তার রচিত বহুতথ্য সব লাইব্রেরীতে রাখা আছে। বিখ্যাত মানুষটি আজ আর নাই। বড় আর মেজছিলেন কলকাতা এবং ঢাকার জেলার ।তখন দেশ ছিল বৃটিশশাসকদের অধীনে। তাই ঠাকুরমার সাথী ছিল ছাগল লখীমন।

তাই বলছি, গরুর মতো ছাগলকে ও কি মা বলা চলবে। ছোট বেলায় মা বাবা বকা দিতেন বাঁদরেরমত বুদ্ধি ওদের মত মাথা মোটা, গরুর মতোমাথা মোটা ,গরুর মত বুদ্ধি,গরুর বেলায় কথাটা খাটে, কিন্তু বাঁদরের বেলায় কথাটা সত্যি না। গরুর বুদ্ধি যে কম সেটা ছোট বেলার কতক গুলি ঘটনা দিয়ে বুঝায়, গরুরা পথ চলতে, চলতে বহু দূরে চলে যায়, পরে আর পথ চিনে ঘরে ফিরে আসতে পারে না। এটা ছোট বেলার জীবনে দেখা। আমার বাবা বি, ডি ও অফিস থেকে একটা থারকারপা নামক জাতীর লাল পুরুষ বাছুর এনে ছিলেন, সে সময় এই নিয়মটা চালু ছিলসব কিছু ভালো জাতের জিনিষ বি, ডি ওঅফিস থেকেই সরবরাহ করা হোত। বর্ধমানের এই রকম একটা এগজীবিশানের আয়োজন করা হয়েছিল সেখানে তাদের দেওয়া বিদেশী বাছুরটাকে তলব করা হয়। এবং অফিসের লোক এসে বাছুরটাকে নিয়ে যায় নিজ দায়িত্বে। নিজ দায়িত্বে, কিন্তু ফাংশান শেষে বাছুরটাসবার চোখে ফাঁকি দিয়ে কোথায় পালিয়ে যায়। বাবা

খোঁজ নিতে গিয়ে এই ঘটনার কথা শুনেতো একেবারে মুষড়ে পড়লেন চোখের ঘুম গেল ছুটে খাওয়া দাওয়া গেল ঘুচে। কিন্তু আনন্দর সুখবর বাছুরটাকে তারা শক্তিগড়ের আখের খেতে পাই। আমাদের বাড়ীতে পৌঁছে দেয় ও নিজেদের এই ভুলের জন্য ক্ষমা প্রার্থনা করে ।তাহলে গরু মাথামোটা, অবলা এক প্রাণী। ওদের সঙ্গে আমাদের তুলনা করা যায় না।কাজেই গোরু আমি ভালো বাসি তবে মায়ের আসনে বসাতে, নারাজ। অর্থাত গোমাতা বলতে, গরু কে বলা। আর এবার আসা যাক বাঁদরের কথায় বাঁদরের বুদ্ধি কিন্তু গরুর থেকে ঢের বেশি। হনুমান বাচ্ছা নিয়ে একটা ঘটনা।আমার গ্রাম বা বাড়ী ও বলতে পার , নাম কাঁঠালগাছি , যেন স্বর্গপুরী ।আম, কাঁঠালের বাগান দিয়ে ঘেরা।

তাছাড়া, জাম, লিচু চালতা, খেজুর, ইত্যাদি। বাঁদরের ও উৎপাত ছিল প্রচুর। একবার হয়ে ছিল কি, একটা ছোট বাঁদর বাচ্চা তার মা এবং দল ছুট হয়ে, আমাদের আম গাছে বা পাড়ার লোকের ঘরের চালে বসে থাকত ।একদিন আমি আমার এক প্রতিবেশীর বাড়িতে গেছিলাম । তারা আমায় আদর করে ভালো ভালো মিস্টি , সন্দেশ ইত্যাদি খেতে দেয় ।সেদিন ঐ বাঁদর ছানাটি সেই বাড়ীর চালে বসে ছিলো ,খাবার তল্লাশে।আমি ওকে আমার থেকে একটা রসগোল্লা ছুঁড়ে ওকে দিলাম, এই ভেবে যে ও খুব খুশি করে খাবে কিন্তু ঘটলো তার উল্টা। সে এদিক ওদিক উল্টা পাল্টা করে দেখে মিষ্টিটা ছুঁড়ে ফেলে দিলো, খাওয়া তো দুরের কথা। এতে করে বোঝা যাচ্ছে ওরা মানুষের চেয়েও বিজ্ঞান সচেতন। ভাজা ভুজি খাবার শরীরের পক্ষে ক্ষতিকারক তাই ফেলে দিল । গাছের পাতা ফলফুলখাওয়া অনেক স্বাস্থ্যকর বাঁদর বুঝে , মানুষ বুঝেনা। ভাজাভুজী ভালো বাসে খেতে। তাই মানুষের জীবন রোগের আতুর ঘর। তাহলে যে আমাদের বাঁদরের মত বুদ্ধি বলে হামেশাই খোঁটা দেওয়া হয় সেটা কি ঠিক?

আমি মানতে নারাজ। তাদের তালিম দিয়ে কত রকম নাচ শিখিয়ে এক শ্রেণীর মানুষ তাদের রুজী রোজগার চালায় আর তাতে করে শিশুদের মন ভরে। বাঁদরের মত মাথা বল্লে রাগের কিছুই নাই। বাঁদররা বুদ্ধিতে মানুষের চেয়ে কিছু কম নয় বরং অনেক উর্দ্ধে!

৩৭) জীবন খেয়া

২০/০২/২০

বাইছে খেয়া ফাগুন হাওয়া,

মনের সুখে করছে আসা যাওয়া।

তুমি দয়াময় দয়া দিয়ে ভরা,

অবিরল হাসছে তোমার প্রিয় বসুন্ধরা।

পানকৌড়ি জলে ভাসে,

বকের সারি নীল আকাশে।

বনে বনে ঘাসে ঘাসে পলাশ কাশে ভরা,

মাঠে মাঠে ভরা, সবুজ ধানের চারা।

দেখে আমি হইগো দিশা হারা ,

এরাই বা কারা, কার সৃষ্টি এরা।

জানি তুমি সত্য ,সদাই থাক ব্যস্ত,

কখন গড়ো, কখন ভাঙো,

এই ভাঙাগড়ার খেলায় সদা থাক মত্ত।

নূতন কিছুর জন্য গড়া, গড়বে নূতন ধরা,

নীল আকাশের যত গ্রহ মিটি মিটি তারা।

তাদের নিয়ে গড়বে কিছু, গড়বে নূতন ধরা।

তারি মাঝে লুকিয়ে আছে আসবে ফের কারা।

তখন আমি আসবো কি ফের, অন্য কোন রূপে, এমনি
করেই ভালবেসে দেবো জীবন সঁপে। তোমার ইচ্ছাতেই করি
যত পাপ,

তোমার দয়াতেই কর তুমি মাপ।

সদা সর্বদা এই তো তোমার খেলা,

বুঝে গেছি এটাই তোমার লীলা।

বিশ্বকর্তা তুমি যখন, দাও না কেন বাধা,

অসৎ কাজে পড়তে হয় ফাঁদে,

এই যুক্তির পাইনা কেনো জবাব,

সদা তাই পরান আমার কাঁদে।

বুঝেছি রোজহাসরে কেয়ামতের দিনে,

করবে বিচার নিজ আসনে বসে,

এখন থেকেই বাঁধো আমায় কষে।

পড়ি না যেন , কোনভাবেই তোমার রোষে,

সুমতি যেন দিও, চলি তোমার বশে।

৩৮) জীবন যেন অকেজো এক ঘোড়া

০১/০৮/২০২১

যখনি তুমি টগবগিয়ে ছোটো শক্ত

পায়ে ঠিক যেন ঘোড়ার মতো,

এর বিপরীতে যদি,হীনবল হওপাড়ি দেবে,

ঠিক যেনো উল্টো রথে।

জীবন চাকা ঘুরবে তোমার ,

ঠিক যেনো তার বিপরীতে।

কর্মদক্ষতা হারিয়ে তুমি যেন ,

জড়োসড়ো কাতর হবে শীতে ।

দামতো তোমার থাকবেনা

এক পয়সাও এই স্বার্থপর পৃথিবীতে।

চিন্তায় তোমার শরীর হবে দুর্বল,

দৃষ্টিশক্তি ক্ষীণ হবে চোখ হবে ছলছল।

অনবরত ঘুরবে মাথা ,পা করবে টলমল

স্বার্থ স্বার্থ স্বার্থ ছাড়া এ জগতে মানুষ সদা

একের বিরুদ্ধে করে খামোশ খামোশ

আমরা কিছুই তো পারিনা ভাবতে?

তোমায় তো কেউ সাহায্যের সাথে ,

বাড়িয়ে দেবে না কখনো তোমায় হাত।

চেষ্টায় থাকবে যত মারতে পেটের ভাত!!

তাই বলি জীবনযুদ্ধে প্রস্তুত থাকো সদা তুমি ,

আর না পাও কারো সাহায্য সাথে আছেন অন্তর্যামী।

৩৯) ডাক বা আওয়াজ কি গান ?

শুনতে আমি ভালবাসি সব রকমের ডাক,

যত রকম পাখি দুনিয়াতে আছে এমন কি কাক।মানুষের আর পাখিদের গান কে না শুনতে ভালোবাসে এসব গান শোনাবে না আর আমায় কেউই ভুলে এসেবাজার হাটের হট্টোগোল আর স্টেশনে শোরগোল, পুরনোদিনের স্মৃতিচারণে মন হয় যেন বিহ্বল।

দূর থেকে ভেসে আসা সকরুন গরুর সেই হাম্বা ডাক,প্রতিটি প্রহরে শিয়ালের ডাকে আনন্দে হই নির্বাক।সকল ডাকের পেছনে তার অন্তর্নিহিত ভাব থাকে,তাদের ভাষায় তাদের ভাবনায় কেইবা চিন্তা রাখে?

ভাষাবিদরা জীবনেও শিখতে পারবে না প্রাণীদের ভাষাসোলাইমান নবী আমাদের পুরিয়ে ছিলেন আমাদের এই আশা,পশুপাখি আর জন্তুজানোয়ারের লাগে নাকো গলাসাধা।

ওদের কণ্ঠে সুমধুর গানে মুগ্ধ হয়ে যায় যেন আমি রাধা।ওদের ভাষা ও কথা বুঝতে থাকে না আমাদের বাকিবুঝতে ওদের মনের কথা যদি মোরা সদা তৎপর থাকি!!

ওদের শেখানো ডাক বা বুলি সব তো ভগবান প্রদত্ত,ভগবানের সব কিছুই ভালো, ভুলি কি করে এইসব সত্য?

৪০) জিন্দেগির জের

সমাজের জেনো যতো বাঁদর

পেয়ে থাকে তারাই কদর

আহা যেন ঠিক শালা বোনাই

কিবা ভারি তাদের মানাই!

আনন্দে আছে তারা যেন,

হয়ে ভোরের সানাই হেন!

সমাজটাকে দূষিত করে।

আনন্দে সব যাচ্ছে মরে

তাদের আমি করি ধোলাই ,

সাথে তাদের আমি ধিক্কার জানাই।

আষাড় শ্রাবণ বর্ষাধারা

মনটা আমার বিষাদে ভরা!!

আসবে কবে সুখের কাল,

কাটবে এই ভরা কোটাল।

হাসবে মা হাসবে বাবা

হাসবে তাদের কোলের শিশু।

হাসবে রাম হাসবে রহিম

তার সাথে সাথে হাসবে যিশু!!

৪১) ঝগড়ুটে

ঝগড়ুটে ভাইয়েরা সব দিনরাত ঝগড়া করেই মরে,

ভাইয়ে ভাইয়ে মেটেনা সাধ বোনটাকেও জোড়ে।

হ্যাংলা ভোঁদড় বদের চ্যাংগোড় করে চ্যাংড়ামি,

দেশ চালাবার নাইকো মুরোদ শুধুই বাঁদরামি।

খোলো টিভি দেখো মজা পতাকার নানা বাহাদুরি

হাওয়ায় দোলে পতাকা যতো সঙ্গে লাঠিসোটা ছুরি।বাংলা মায়ের সন্তান মোরা বাংলাকে ভালোবাসি

ভ্রমণ প্রধান দার্জিলিং পাহাড় কাঞ্চনে কম খুশি ?

উচু নীচু চড়াই উৎরায় এবড়ো খেবড়ো বর্ডার,

সারা দুনিয়া ঘুরবো আমরা গোটা পৃথিবী আমার

এক আল্লাহ কর্তা আমাদের তাতেই আমরা বিশ্বাসী

সারা দুনিয়ার স্রষ্টা তিনি এই ভাবেই একে ভালবাসি। যাবার যখন বার্তা আসবে তাঁর কাছে ফিরে যাওয়ার

এক পলকেই চলে যাবো পেলেই আদেশ তাঁহার!!

কে যে আমার মা,কে যে আমার পিতা,

পরম আত্মীয় থাকবে না আর

অবসর চিন্তা করার এই জাতীয়!!

সময় হলে যাঁর খেলাপাতি ঠিক সময় নেবেন গুটিয়ে,

ধংস হবে এই লীলা খেলা দেখবো অন্য কোন শোয়ে!!তাই বলি ভাই পার্টির নেতাদের দেশ চালাবার কিসের,

এত চিন্তা ভাবনা মাথার উপরে আছেন ভগবান তোমার!

৪২) জীবনের পরিণতি

১৫/০৭/২০

তোমারে খুঁজিতে আকাশের পানে

চায় যত বারে বারে,

যেখানে অসীম নীল আকাশে,

চাঁদ,সূর্য্য,গ্রহ তারা বিরাজে।

তোমারে পাইতে সাগরে মুকুতা,

মানিক ঝিনুকের বুকে খুঁজি,

তোমারে পাইতে নদীও দীঘিতে

নানা রঙের শালুকপদ্ম বুঝি।

পাহাড় চূড়ায় তার পদতলে

আছে যত গাছপালা ।

বার বার চেয়ে থাকি মেটাই ক্ষুধা,

জুড়ায় প্রাণের জ্বালা।

পৃথিবীতে যত জীবজন্ত,

প্রানীকুল আছে জানি সবই তুমি সৃষ্টি করছ,

মোদের তরে এই কথা মোরা মানি ।

আত্মীয় পরিজন বন্ধুবান্ধব সব তোমারই দান,

তোমার দুনিয়ায় সুখে আছি মোরা হে আল্লাহ রহমান। ডাক পড়লেই যেতে হবে জানি এটাই তোমার বিধান,

বয়স কিছুই বাঁধা ধরা নাই হেথা

এমনটাই হল জমিন ও আসমান।

তোমার ডাকে ছুটে যাব মোরা নাই কোন অভিমান,

ভাল মনে ভাল কাজ করে যাব এতেই হবে অবসান।ধর্মাধর্ম মানুষের সৃষ্টি আল্লাহ তোমার বিধান নয়,

এই ভাবেতেই জগতে মানুষের পরীক্ষা দিতে হয়।আশাকরি সেথা দেখা হবে মোর আত্মীয় পরিজন সনে,

মৃত্যুর ভয় পরিহার করি, আছি সুখে আমি মনে মনে।

৪৩) ডাক্তারের অবদান

দুঃখের পর আরো একটা আমার ছোট নানার পারিবারিক ঘটনার গল্প বলি। আট মাস বয়সে আমার ছোট মামা মাতৃহীন হয়ে ছিলেন, ছোট নানার প্রথম মেয়ের পর বাইশটা বাচ্চা নানীর পেটে আসে। কেউ ভ্রণে কেউবা দু-এক মাস পরেই পেট থেকে নষ্ট হয়ে যেতো। কিন্তু নানা নাছোড় বান্দা। তার একটা বংশধর চায় চাই। এরজন্য সব কিছু করতে ছোট নানা প্রস্তুত ছিল। বলেই ছিলাম আমি, আবার তার একটা পুত্র সন্তান হয় এটা নিয়ে তেইশটা পুত্র সন্তান। একে আর জন্মালে মরতে দেওয়া হবেনা নানা বদ্ধপরিকর। রোগী দিনের পর দিন চব্বিশ ঘন্টা ডাক্তারের তত্ত্বাবধানে থাকতো।

যত সময় আগিয়ে আসে পেটের ছেলে ততই বের হতে চেস্টা করতে থাকে, মাথাটা নীচের দিকে পা-দুটি উপরের দিকে তুলে চিত করে শুইয়ে রাখা হতো। ডাক্তার চব্বিশ ঘন্টা মোতায়েন।কিন্তু পারল না ছেলেকে পেটে ধরে রাখতে। সেই চোখ না ফোটা ছেলে কে কাগজের বাক্সে তুলো ভরে এমনি করে ডাক্তার বাবু রাখলেন যেন মাতৃগর্ভে সন্তান যে উত্তাপে থাকে। এই ভাবেই ডাক্তার বাবুর পরিচর্যায় ছেলে বড় হতে থাকে এবং মা হারা আমার ছোট মামাও কালকেতুর মত বেড়ে উঠতে লাগলো। নানার ছেলের কেবল মাথাটাই বড় হতে থাকে, দেহ-ইঁদুরের মত ছোট হয়েই থাকে। ছোট নানারতো খুবই মন খারাপ।

ডাক্তার বাবু ,হাওয়া পরিবর্তনের পরামর্শ দিলেন। নানা ছুটি নিয়ে মধুপুর, দার্জিলিং এই করে ঘুরতেন বাচ্চা সহ স্ত্রীকে নিয়ে। এতে কাজ হোতে দেখা গেল।দেখা গেলো ছেলে তরতরিয়ে বাড়তে লাগল ,কিন্তু বিচিত্র স্বভাবের। কারো সঙ্গে মিশতে জানে না কারো সাথে কথা বলতে চাই না। নিজেই হাসে কথা বলে নিজের সঙ্গে । প্রথম বড় মেয়েটি তার এই ভাইটিকে নিয়ে খুব সন্তুষ্ট ছিল। কোল থেকে নামাত না। পরে দেখা গেলো এই ছেলে বিলাত ফেরৎ বিরাট নামি দামি ডাক্তার হোলেন। তবে, ভারতের কোনো দেশকেই তার পছন্দ হোলো না। চলে গেলেন সৌদীআরবে। ওখানে এক বৃটিশ মহিলা ডাক্তারকে বিয়ে করেন। বিয়ের পর ভারতে এক বারইএসে ছিলেন দেশের আত্মীয়দেরর সঙ্গে দেখা করতে ।

আমি তখন খুবই ছেলে মানুষ। ঐ মহিলা বিদেশে থেকে শাশুড়ির জন্য নিজের তৈরি খাবার পাঠাতেন। উনি আমার মায়ের সাথে দেখা করতে আমাদের কাঁঠাল গাছির গ্রামের বাড়িতেও এসে ছিলেন। আমার ছোট হাতের আঁকা ছবি দেখে খুব অবাক হলেন রসিদ মামা, আসল নাম রসিদুল ইসলাম।

ছেলের ড্রেস পরতাম ছেলের মতো চেহারা ছিল বলে মামা আমার মুখের দিকে দীর্ঘক্ষণ তাকিয়ে থেকে বললেন এ বড়ো হয়ে খুব প্রতিভাশালী মেয়ে হবে আর বড় আর্টিস্ট হবে। হয়েও ছিলাম তাই। তবে এখনকার মত এত সুন্দর ব্যবস্থাও ছিল না ,এবং এখনকার মত এত সুযোগ ছিল না বড়ো হবার। কিন্তু সব যায়গায় আমার খুব কদর ছিল। কি পাঠশালা কি স্কুল, কি কলেজ জীবনে। এটাই আমার জীবনে বড়ো পাওয়া। চাইনি তো এর বেশী কিছু আর।

৪৪) তুমি হবে সেরা

তুমি হবে এমন যেন, যেমন মাসের সেরা ফাগ,

এমন,ভাবে গড়বে নিজে, যেন সবার মনে ফেল দাগ।যতই তারা ফেলে না কেন তোমার মনের উপর চাপ,

রেষারেষি করতে হবে, হয়ে উঠবে আস্ত এক বাঘ!

যেন তোমার চিন্তা ভাবায়, এ আবার কে?

ছোট্ট শিশুছাগ।

যদিও খাও ক্ষেতের শাকসজ্জি আর বনের যত আখ। শক্তি তোমার অসুর সম ভাঙ্গে যেন সবার দাঁত,

হবে তারা যেমন সায়েস্তা তেমনি সব কুপকাৎ!

যদিও তোমার ছোটঘর মনের গহন অন্ধকারে,

পৌঁছাতে সেথা কেবল মাত্র তারাই শুধু পারে,

শুধু মাত্র ঈশ্বর প্রাপ্ত গুণ ,যার মধ্যে বিরাজ করে।

তাদের দিবা নাই রাত্রি নাই কিংবা সকাল সাঁঝ,

অবারিত তাদের দ্বার নাইকো কোন রকম বাঁধ।

মধ্যরাতে ঘুমের ঘোরে সবাই যখন বিভোর-বিবেক তাদের বলবে ডেকে ঘুমোস নেরে আর,

সারি বেঁধে কাব্যগাথা খুলে দাঁড়িয়ে তাদের দ্বার।

হয়ত আজ তুমি ছোট আছো ভাবনা কিসের তাতে?ছোট থেকে
বড় বিজ্ঞানী হওয়া, সময় চাই এতে।

৪৫) দূর হোক জাতি বিদ্বেষ

মহম্মদ মোজাহারুল চৌধুরী মায়ের ফুপাজান কোলকাতার মেওর ছিলেন। তাঁর মেয়ে বিখ্যাত গায়িকা নারগীস বেগম পরে দেশ স্বাধীন হলে বাংলাদেশের নাগরিক হয়ে যায়। মালদার মেয়র মেজফুপা গণী খাঁ চৌধুরীর, নাতনী সাবিনা ইয়াসমিন আর রুনা লাইলা আমার বুবু হতেন। দুর্ভাগ্য বসত বাংলা ভাগহয়ে যাওয়ার জন্য আমরা দ্বিখন্ডিত হয়ে গেলাম নইলে আমরা একি ভারত মাতার সন্তান। দেশ ভাগ হবার আগেই হতভাগ্য বৃটিশরা উদ্দেশ্য প্রণোদিত হয়েএই কাজটা করে ছিল। নইলে চাকরীর প্রয়োজনেসারা ভারতে সারা ভারতে কেন ,সারা পৃথিবীতে বাপের মায়ের ও শশুর কুলের আত্মীয় ছয়লাব। আমরা হিন্দু মুসলিম বৌদ্ধ ভাই ভাই হয়ে বাস করতাম। আমার প্রিয় বান্ধবীর মধ্যে শতকরা নিরানব্বই ভাগ হিন্দু আর খৃস্টান ছিল। কোন শত্রু আমাদের সোনার বাংলার এই দশা করে দিলো তাদের মাথায় পড়ুক বাজ!আমাদের মূখ্যমন্ত্রী মমতা বন্দ্যোপাধ্যায়ের দীর্ঘজীবন কামনা করি। ভগবানের ডান হাত হয়ে জাতিধর্ম নির্বিশেষে সকলের জন্য সাবধানে কাজ করে যান। অপজিট পার্টি তাঁর ভুলভ্রান্তি ধরার জন্য উদগ্রীব। এই সব অমানুষ কে ঠিক মানুষের মতো মানুষ হয়ে এক তুমুল অসহযোগ ঔপনিবেশিক শক্তির বিরুদ্ধে কাজ করে যেতে হবে সম্মিলিত হয়ে হাতে হাত ধরে। নইলে প্রিয় বিশ্বকবি রবীন্দ্রনাথ ঠাকুর ও নজরুল ইসলামের দেশে এটা কি শোভা পায় প্রিয় ভগবান? তোমাকে শুধাই!! ঈশ্বর আল্লাহ একই নাম সাবকোসম্মতি দে ভাগবান, এই বিশ্বাসেই আমরা যেন চলি।

৪৬) তুমি কে গো অতিথি এই রাতে

১৬/০৭/২০২১

তুমি কে গো বন্ধু এই বিজন আমার মধ্যরাতে,

হঠাৎ এসে দাঁড়ালে সম্মুখে আমার,

শান্ত স্নিগ্ধ বেশে?

অসময়ে হঠাৎ ফেলে চলে গিয়েছিলে যখন কোন সে অচেনা দেশে একেবারেই চিরদিন নিরুদ্দেশে?

বিনিদ্র চোখে একেলা জেগে জেগে কেঁদে সারা,

রাত্রি ঘুম নাহি মোর বিনিদ্র এই দুইটি চোখে বুঝিনাই, কাহারলাগি এই অপেক্ষা কার লাগি দিশাহারা?

তুমিও কি মোর তরে ভেবে ভেবে,হয়েছো দিকহারা,

তাই এই মধ্য রাত্রিতে এসে হয়েছো আবার হাজির?কিছুদিন আগে আব্বা আমাকে দেখা দিয়েছিলো এসে সামনা সামনি নির্বাক হয়ে সম্মুখে দাঁড়াইয়া যেন স্থির।

তাঁরা কি দুজনাই এসেছিলেন তবে আমাকে সঙ্গে নিয়ে যেয়ে তাঁদের দেখাতে তাদের সুন্দর আবাসভূমি গিয়ে।একদা গোধূলিবেলায় দেখা দিয়ে ছিলো মকুবুকোলে কাজেরমেয়ে মুনাফা মৃদু হেসে মিলালো আকাশের নীলে।

মায়ের মুখে দেখেছিলাম ঐ হাসি নীল আকাশে অনাবিল।

একবার মৃদু মিষ্টি হেসে মিলালেন সেই আকাশের নীলে।তোমরাও কি আমাদের মত মনে মনে রেখেছো আমাদের?

তাই বেহস্তবাসি হয়েও ফিরে আসো দেখিবার আমাদের?

৪৭) দুয়ারের সরকার

০৫/০৯/২০২১

আজ অনাহারের সরকার পৌঁছালো,

সকলের দুয়ারে দুয়ারে ।

তাই আজ দেখো দরিদ্র মানুষ ভাসছে,

যেন সব আনন্দের মহা সাগরে।

বিপরীতে চেয়ে দেখো সারা দুনিয়াকে,

অন্য সরকার ভোটের নিরিখ করে,

রেখেছে যেন ভিখারী সম হা-ঘরে।

বাঁচানো তাদের প্রয়োজন নহে,

প্রয়োজন ভোট ব্যাঙ্ক নিঃসন্দেহে!!

দেশে, বেশীর ভাগেরই ফালতু টাকা ,

দেওয়ার নামে দুয়ারে।

তাই সেই চাল গম বিক্রির টাকায় ,

তৈরী হচ্ছে মস্ত মস্ত জুয়াড়ে।

ঠিক পাত্র বলে, তাদের দিতে হলে বৃদ্ধ, কুঁজো,

খোঁড়া চলতে যারা অক্ষম ও কানা

দেখতে পাবে চৌরাস্তা, ব্যাঙ্কে ,

পোস্টাপিসের,সামনে করুণ ভাবে,দাঁড়িয়ে আছে,

যাত্রীদেরসামনে বাড়িয়ে তাদের হাত দুখানা।

এদের তুমি কিছু দান করলে,

ঈশ্বর-বিনিময়ে যা দেবেন তার নাই মৃযে তুলনা।

এ ছাড়া কোন শিক্ষা প্রতিষ্ঠানে,

কিম্বা ধর্ম প্রতিষ্ঠানের দানে।

 এই ভাবতেই সৎপাত্রে দান ,

করতে তুমি যেন ভুলো না।স্বজন পোষন

,স্বজন তোষন ,এ কথাতো চিরাচরিত ,

আছেইএ কথা তো কখনো ভোলার না।

তেলা মাথায় তেল যেন,ভাই

দোহায় তোমাদের কেউ ঢালো না।

সব চেয়ে বেটার হয় মুখের সামনে ,

ধরা খাবারের পাত্র খানি ।

কি জানি ওর মাতব্বরেরা কেউ সাংসারে,

উদ্দেশ্য প্রণোদিত হয়ে কড়া রৌদ্রে

,বসিয়েছে ওর থেকে ফায়দা,লুটবার কারণে।

সব ওর থেকে ঝুল্লি ঝাড়া,

করে,নিয়ে বসিয়ে রাখছে রৌদ্রে অকারণে!!

মুখে ঠিক মতো খাবার পৌঁছাচ্ছে কিনা কে জানে?

৪৮) অসহ্য

১২/০৬/২০২১

পারছি না আমি, আল্লাহ মালিক আর ,

সব জিনিসের সীমা থাকা দরকার।

মাত্রা ছাড়া অত্যাচার এই দুনিয়াতে,

ভরা এত নিষ্ঠুর পাষাণ এই খানেতে।

তার সঙ্গে জড়িয়ে শুধু আছে অনাচার!!

মানুষের সঙ্গে মানুষের শুধুই ব্যাভিচার।

তুলে নাও মোরে যত শীঘ্র পারো,

যদি মনে হয় পাওনা আছে শাস্তির আরো।

সবইতো সেথা সইতে হবে সকলেই জানি ,

তুমি যে ন্যায় বিচারক করুণাময় তাও তো মানি।লণ্ডভণ্ড হবে এ দুনিয়া করে দেবে তুমি একাকার,

তার নমুনা মিলছে তো একে একে পরপর বিপর্যয়ে।দেখি এবার আমি পার হয়ে গেলেও নিস্তার পাবে কি পরবর্তী প্রজন্মের বংশধরগণ আমার সবে?

অগুণতি তব তারকা নক্ষত্রে উজ্জ্বল আকাশ,

সেই দুর্দিনের যেন বহিয়া চলিছে বহিঃপ্রকাশ !!

৪৯) তোমরাই আমার একমাত্র

০৭/০২/২০২১

 তোমরাই আমার দুটি গোলাপ,

আমার আল্লাহর দেওয়াসারা জীবনের মহিমা!

তোমরাই আমার তুলনাহীনা,

আমার রাজরাণীতোমাদের তুলনা হয় না ।

তোমাদের দুটিকেই পেয়ে আমরা সকলে হ'য়ে ছিলাম জেনো খুবিই সন্তুষ্ট ।

যখনি জন্মে ছিলে কচি মুখ নিয়ে,

কোলে আমার- হয়ে ভুমিষ্ট।

বেজে উঠেছিল সর্বত্র কি যে আনন্দের গান ।

বাড়িতে বাড়িতে, উঠে ছিল ঘটা করে,

মিস্টি ওকাপড় চোপড়, অনেক টাকা দান ।

নানি,দাদি তোমাদের কোলে পেয়ে আনন্দে আটখান,তোমাদের বড়চাচা চাচি,

বলে ছিলেন তোমরাই হলে,নাকি তাদের একমাত্র প্রাণ ।

রেশমী রাণী চারখানা সাবজেক্টে লেটার ও স্টার

পেয়েফিজিক্সে অনার্স ,বি,এড করে।

মাতা পিতার ও বংশের সম্মান রাখলো ধরে ।

এখন আবার বংশগত ট্রাডিশান ধরে হয়েছে কবিও সাহিত্যিক
।

সাহিত্যচর্চার প্রতিষ্ঠানে নাম করে নিয়েছে মনে হয় সহস্রাধিক ।

সোনালী আমার যায় না কিছুতে ক'ম!

সেও বংশ গত ভাবে নামি খেলোয়াড় ছিল।

প্রাইজে প্রাইজেভরা আলমারী,

লেখা লিখিতে ছিলো পারদর্শী ।

বিলাৎ ফেরত ভাক্তার,মামা আমার রসিদুল ইসলামবলেন,বড়
হয়ে   সোনালী   আমার   হবে   বিখ্যাত
একজন,অল্পবয়সেই ,পিতৃহীন হয়ে গেলে কি করে হ'বেসে
আশা পুরণ ?

বাংলায় এম,এ,বি,এড করে দিব্যি পড়ায় প্রাইভেটটিচিং করে।

এতেই এত ছাত্রি জোটে তিনটি ব্যাচে রুমে বসারজায়গা না
ধরে ।

এখন ছাত্রছাত্রি সংখ্যা কমে গেছে, বিপদ জনক করণারই নাম
করে ।

৫০) দেশগড়ো

০১/০৮/২০২১

তোমার দেশ, দেশটা তুমি,নিজের হাতেই গড়ো

গড়তে দেশ সবার হাত খু ব দৃঢ় করে ধরো।

এক দেশেতে জন্ম মোদের একই মোরা জ্ঞাতি বিভেদ ভুলে সাম্রাজ্যবাদকে ধ্বংস করো সাথী।

এই পরম সত্যটি ভুলে গিয়ে ওরে ধান্দাবাজদেশে,

দেশে আগুন লাগাস নাইকি তোদের লাজ?

 দেশকে, সঙ্গে নিয়ে যাবি কি তোর সেই স্বর্গদেশে?

এরই জন্য যতো ঘৃণ্য কাজে মেতেছিস শেষে!!

সাপে নেউলে দুই ভাই বাঁধলি জোট এক সাথে,

কেন যে বাঁধছিস জোট বুদ্ধি নাইকি লোকের মাথে?

ওরে নবীন ওরে ছেলেরা,তোলরে তোদের মাথা,

তোদের কাছেই সহজ হবে এই প্রেমের মালা গাঁথা।

৫১) নদীর উত্তাল গতি আমি

১৮/০৭/২০২১

আমি যেন ছিলাম এক উত্তাল তরঙ্গস্রোতস্বিনী সমুদ্র সম।কেউ জীবনে তাইরোধ করতে পারে নাই আমার গতি, প্রচণ্ড মনোবল, শত চেষ্টাতেও কোনো দিনো রোধ করতে পারেনাই , এই সদিচ্ছা মম!!শুধু মানুষ কেন? ভয় পেতো আমায় হিংস্রপশু,যতো স্বয়ং যমও!!আমার অতীত জীবনের কথা ।পূর্বের লেখাই জীবন চর্চায়প্রকাশ করেছি আমার ছোটো,বেলার জীবন কথায়।শিশু বেলায় মায়ের কোলে এবংদুই দুবার বোনের সাথে ,এবং নিজে একবার একা,একা নিজের হাতে।ডুবে বেঁচে গিয়ে ছিলাম অগাধপানির হাত হতে।দুমাসের শিশু আমি আমার দাদীর, জলে স্নানের খেলার সাথী।ভাসিয়ে,দিতো কলার ভেলারমতো, ভাসতাম যেন ভেলাই সত্যি সত্যি!! প্রতি নিয়ত জলে ডুবে মরিছে ক'তো যেমানুষ কারণে, ও অকারণেকেন তারা এতো মরে যায় ডুবে ,অক্ষম বলি তারা কি সন্তরণে?রাখেন আল্লাহ তো,মারে কে? আমি ছিলাম তার স্বয়ং নজির ।

ছোটো থেকে বড় হয়েও কলেজে,সময় থেকে পড়ার ।জীবন সংগ্রামে বিপদ ছাড়েনি ,কখনো হাত আমার ।বীর খ্যাতনামা ,বাঘের যোদ্ধা যোদ্ধা সমবীর সৈয়দবংশে জন্ম আমার ।কার সাধ্য ছিল এই নবী বংশীয়,মেয়েকে বাধা দেবার?ক্লাস সিক্সে পড়ি বাচ্ছা আমি মাঠের মাঝখানে একা একাহঠাৎ পূর্ববঙ্গীয় এক দজ্জাল সম্মুখে এসে দেয় দেখাআমি

ঈশ্বরের আশীর্বাদে "মা বিপদতারিনীর রূপ ধরি,বেটা আমার এই রুদ্র মূর্তি দেখে,ছুটে পালায় পড়ি কি মরি।তুমি বলো, দশ বছরের সিঙ্কেপড়া ছোট মেয়ের মূর্তি,দেখে বুড়ো দামড়া ছুটছে, পরনে গীলে করা ধুতি পাঞ্জাবী আর কৃর্তিতুমি বলো আল্লাহর না সাহায্য থাকলেআজদাহা মানুষটি, এই ধাংড়াআলে আলে ছোটে, নাই তার কোনভয়, পড়ে যেয়ে হবে কি শেষে ম'ড়াবর্ধমান উইমেন্স কলেজে খোলে নাই,ইংলিশ অনার্সের ,কোনো ক্লাস,তাই বাধ্য হয়ে ,খন্নানের ইটেচনায়,প্রিন্সিপ্যাল গোপাল মজুমদারের কলেজে,স্পেশাল ইংলিশে অনার্স নিয়ে ক্লাসে আমিই একা মেয়ে, এ্যাডমিশন নিলাম ।

দেবতা সমতুল্য বয়স্ক ,পূর্ববঙ্গ হতে আগত প্রিন্সিপ্যাল, দেখে আমার পড়ার অধ্যাবসায়,অতদূর কোথায় রসুলপুর, কোথায় খন্নান ,এতদূর থেকে আসায় ,মুগ্ধ হয়ে যান!!পরম আতিশয্যে ভর্তি করেন, আরসকলকে ডেকে উদ্বুদ্ধ করান।দেখো সকল ছাত্রছাত্রীরা, প্রণাম করোএঁকে ,আর দেখ এর অধ্যাবসায়।এই ভাবেই শুধু আমার নয় ,মা বাবারসবার প্রসংসায় পঞ্চমুখ।বলতেন ট্রেনে যেতে বর্ধমানের, রসুলপুরস্টেশানে পৌঁছিলে, দেখিতে তোমাদের মার মুখ,মনে হোতো ষাষ্টাঙ্গে প্রণাম জানাই , ঠেঁকিয়েপায়ে তাঁর আমার মাথা!!

অবাক বিস্ময়ে স্তব্ধ হয়ে আমি ভাবি ,একি মানুষ? না অবতার যথা,অকৃতদার, অতিমানব ব্যক্তি। এই স্যারের সাথে, আমি তৃতীয় বর্ষের দ্বিতীয় ,পরীক্ষার দিনে রেলগেট বন্ধ তাই,অপেক্ষমান দুজনাই,হঠাৎ দুজনার চোখে পড়ে দুটি বাচ্ছা!!রেল মেরামতি কুলির,এক্সপ্রেস ট্রেন, প্রায় কাছে, চাপা দেয় দেয়,হঠাৎ প্রায়, ঝাঁপিয়ে পড়ে স্যার ,একটিকে ছুঁড়ে,

দ্বিতীয় টিকে উদ্ধারেন তিনি।আর নিজে হ'লেন, সেই ট্রেনের চাকার তলায় বলি!!এই ভাবেই চোখের নিমেষেই আমাদের,ছেড়ে দিয়ে চিরতরে গেলেন, তিনি চলিপরের দিন শেষের অনার্স পরীক্ষায়,সম্পূর্ণ চোখের জলে আমি ডুবে,কেঁদে কেঁদে পরীক্ষা দেওয়া কি মনে হয়,.তোমাদের আমার আশা অনুরূপ ফল হবে?পরীক্ষায় ইংলিশে অনার্সটা পাওয়া,গেলো।

কিন্তু .অনার্সটা পাওয়া গেলেও ঠিক আশানুরূপ নয়বুবুরা আমার ইংলিশ অনার্স নিয়ে পড়ে ,অসমাপ্ত হয় পড়া, বাসনা কিন্তু পুরে নাই!!আমার ইংলিশ অনার্স পাওয়ায় ,আব্বার সাধ মিটে বটে,মিটায় গানের গলা,সব রকমের খেলাধূলা,ছবির প্রাইজ আঁকায়,কিন্তু সে প্রাইজতো আজ ,সেই কাঁঠালগাছির,ট্রাঙ্ক সমেত শোভা পাচ্ছে ,উইয়ের টিপির গাদায়। কলেজ অনার্স পড়াকালীন ,ঘটে ছিল সে একি বিপদ ।কি করে ঘটলো বল্লাম না জুটলো , পঁচাত্তর বছরের এক বুড়ো ভাম।পুজারী সে রসুলপুরে,প্রতিদিন ,আবির্ভূত হোতো দেখতাম ।কলেজ টাইমে ঠিক উপস্থিত হতো, আমার বাহিরের দরজার সম্মুখে। বুড়ো হতভাগা বলেতে থাকে আমার বৌ মরে গেছে আমি, মরছি দুঃখে দুঃখে!! আমায় বিয়ে করবে মা? অবাক আমি, কি কিম্ভূত কিমাকার কি বিদকুটে?কলেজ থেকে বেরিয়েও দেখি ,সেই অভাগা এসে হাজির গেটে!! রেললাইন মেরামোতি কুলিদের চোখে , আমি ছিলাম খুব সম্মানী ।

সেকালের গার্জেনরা মেয়েদেরপড়াশোনা শেখানোয় ছিল একেবারেই যাকে বলে উদাসীন।তাই পদে পদে হতে হতোসর্বদা মহা বিপোদের সম্মুখীন!! নালিশ জানাতে সঙ্গে সঙ্গে উত্তম ,মধ্যম, পুরুৎঠাকুর কে, দিল রেল শ্রমিকরাই তার

প্রণামী ।এই ভাবেই সংগ্রামী আমি মিটিয়ে ,আমার আশানুরূপ পড়ার সাধ।জীবনযুদ্ধে জয়ী আমি জীবনে,আনন্দ পেয়েছি অগাধ!!

৫২) নজরুল

২৪/১২/২০২০

তুমি হলে কবি মহারাজ ও সম্রাট

তুমিই দেখালে স্বরাজ,

কি দুর্ভাগ্য

আমরা হলাম, বহিরাগত আজ?

তুমি প্রেরণা জাগালে বাঙ্গালীকে,   দুর্গমগিরি,কান্তার
মরু দুস্তর পারাবার,

লঙ্ঘিয়া, আর অকূলে ভাসিয়া সে তরী   করিলে পার!

লঙ্ঘিতে হবে রাত্রি নিশীথে বলিলে তুমি,
কাণ্ডারী,হুঁশিয়ার ।

তরী পারে নেওয়ার দায় ভার

বলিলে

কাণ্ডারী তুমি হও হুঁশিয়ার।

চির রাত্রির হাত থেকে তুমি মুক্ত করে
পৃথিবীরে ,অন্ধ যুগের আঁধারে

দিলে যে আলোকের ই সন্ধান,

হে কবি নির্ভয় প্রাণ!

কবি নজরুল তুমি ছিলে,

আজোও আছো

সেই মহান!!

মানুষের হৃদয়ে আছে তোমার আজ ও

সেই চিরস্থায়ী স্থান।

মরেও তুমি অমর রয়েছো মোদের

অন্তরে হে আমার অমর প্রিয় ভাই,   প্রার্থনা করি
আল্লাহর কাছে তোমার

একমাত্র বেহেস্তেই হয় যেন ঠাঁই।

৫৩) নবীদের কথা

হে আমার সৃষ্টি কর্তা ও প্রতিপালক আল্লাহ!

শান্তির পারাবার তুমি ,তুমি শান্তির পারাবার!!

যত মত তত পথ দেখিয়ে দিলে ,

দিলে ধর্ম পুস্তক পবিত্র কোরআন,

সামাজিক গ্রন্থ উপহার দিয়ে আস্তক

 যে যার ধর্মে পবিত্র অন্তঃকরণে ডাকলেই তুমি দাও সাড়া
অনড় এই বিশ্বাসের একজন যে আমি।

তোমার সৃষ্টজীবে দয়া করলেই তুমি খুশী থাকো,

তার বিনিময়ে আমাদের কত সব সুখে তুমি রাখো।

বিনা কারণে বা প্রয়োজনে একটি ঘাসপাতা ছেঁড়াঅনুমতি নাই
তোমার বিধানে,

আমরা জানি না ভেড়া আয়ূব ,ঈশা ,বুদ্ধদেব শেষ আমাদের
প্রিয় মহানবী মানুষের তরে সারাটা জীবন ত্যাগ করেছেন সুখ
সবই।

কেউ উপদেশ দিয়ে ছিলেন ঈশ্বর প্রদত্ত পথের কেউ

বাসরাসরি ঈশ্বরের সাথে মগ্ন হতেন তাঁর পরামর্শ নিয়েঈশ্বরের
অমতেও তাঁকে দেখা তরে মুসা ফেল্লেন জ্ঞান হারিয়ে।

তিনি ছিলেন পয়গম্ব ঈশা নবী ফুঁ দিয়ে কুষ্ঠরোগ দিতেন
সারিয়ে।

সন্তানহীনাদের গর্ভে তাঁর পবিত্র ঈশ্বরের আরাধনায়

শূন্যকোলে সন্তান দিয়ে অপার আনন্দে মন তুলতেনভরিয়ে।

সাতখানি কন্যাসন্তান জন্ম দেয়ায় স্বামী অত্যাচারিত
মা কাঁদিয়া আকুল নবীর কাছে জানালেন তার যন্ত্রণা। কন্যাকে
পুত্র বানিয়ে সফল করলেন লিঙ্গ পরিবর্তনে,

আল্লাহর এই বিপুল ক্ষমতার কথা আমরা রাখবো মনে।ঈশ্বর
তাঁর কাজ সিদ্ধ হলে নিলেন তুলে তাঁকে স্বশরীরে।সেই উদার
আল্লাহ আমাদেরই অবাধ্যতার বহু নজীরেকোন সম্পর্ক
রাখিতে নারাজ, হয়েছি অবজ্ঞার পাত্রজীবন দিয়ে ,খাওয়া পরা
দিয়ে রেখেছেন দয়ায় মাত্র।

৫৪) না চাইতে পানি

১৫/০৮/২০২১

না চাইতে পানি খোদার মেহেরবানি ।

এই উক্তিটার আজকাল কতো খানি

সত্যতা আছে কি জানি ?

জলের আশায় আশায় চাষির জীবন ফুরিয়ে যায়

জমি জলের অভাবে শুকায়ে যায় খরায়!!

চাকরীর সন্ধ্যানে হাজারো যুবা ও যুবতী"হন্নে হয়ে ঘুরে ঘুরে অবশেষে আত্মঘাতী হয়!!

 তবুও আমরা গাই, জীবন যখন শুকায়ে যায়,

করুনা ধারায় এসো।

সকলি মাধুরী ফুরায়ে যায় সুধা রস হয়ে তবু তুমি এসো আমাদের তো জগতে চাহিদার নাই কোনো শেষ,পাওয়া কি যায় তা সব ,শেষ মেষ?

তবুও বলি আল্লাহর মেহেরবানি ছাড়া কি আমরা

জীবনে বাঁচতে পারি?

যে দিকে তাকাই শুধু দেখি তাঁর মেহেরবানীর

ছড়া ছড়ি, এটা অস্বীকার,

কি করে বলো করি?

৫৫) দেবু যখন কটোর মটোর চিবোয়

দেবু যখন কটোর মটোর চিবোয় ছোলা ভাজা

হাবু তখন চুপটি করে বসে ভাবে দাদুর কথা।

দাদুওতো এই বয়সে খেয়েছেন কতই ছোলা ভাজা

আজকে তিনি ফোকলা দাঁতে বসে যেন বুড়ো ভজা

এই অবস্থায় সকলকেই আসতে হবে একদিন ফিরে বিধির
বিধান এই ভাবতেই সমাধা হয় জানিস তোরে তবু কেন
রাজনৈতিক নেতারা এত নীতি নির্ধারণের শুধু এত চেষ্টায়
থাকেন একে অপরকে অপসারনের শরীরটাতো ঝুনো
নারকেল দাড়ি গুলোও পেকে সাদা ঘরের কোণে বসে বসে যে
যার ঈশ্বরের নাম জপো দাদা করণাতো ফের বয়সের ধার ধারে
না কারো হায়ইচ্ছা হলে যখন তখন যারে খুশী ধরে ধরে
খায়। মরলে তো আর সুযোগ থাকবে না ঈশ্বরকে ডাকার

এক ঈশ্বরই ব্যবস্থা করে রেখেছেন তাঁর কাছে যাবার।ভালো
কাজ করলে পরে ভাল যায়গায় দেবেন ঠাঁই নয়লে পরকালে
গলা পচার সঙ্গে সঙ্গী হবো হায়!!

ওরেই নাকি যে যার ধর্মে হেল, নরক কিম্বা দোজক কইসকল
শ্রেনীর মানুষের কাছে এই প্রার্থনা করি ভাই ।আমরা যেন
ভালো কাজ করে একই স্থানে দেখা পাই।

৫৬) নেতাদের দলাদলি

আমরা দেশবাসি কি সকলে

সত্যি জাতিতে মানুষ না?

পশুর মতো পরস্পরের আচরণ,

লড়ছি কেবল সারাক্ষণ কেন জানি না।

লড়ছি সদাই দুই দলেতে,

আপন আসন ধরে রাখতে।

সাধারণ দেশবাসি মরছে,

এই নেতাদের লড়াইয়ের জেরে।

পার্টি আছে মনের সুখে ,

যে যা তাদের গোঁ ধরে!!

মাতার কথা শোনে না পিতা,

পিতার কথা মাতা।

দেশের ছেলের মরণদশা,

হচ্ছে যাঁতা কলে পেশা ।

পিতার দেমাক পুরুষোচিত

নয়কো সেতো ভিত ।

নারীর গুণের কদর দিতে,

সর্বদা মন যেন সংকুচিত।

কংগ্রেস ছিল রাজবংশীয় দল,

ত্যাগ করি সেই তাদের দল।

দেখে তাদের কিছু দলগত ভুল,

ছাড়তে হলো সেই প্রিয় দল।

ছিলাম কংগ্রেস হলাম সি, পি, এম

তবু আজ তাঁর ঘোর বিরোধীর নাই অভাব।

ফের বিরক্ত হলাম দলের কাজে,সি, পি, এম

নেতা জনতার মাঝে,

ধরিয়া নেতৃ মমতার চুলের ঝুঁটি,

খাওয়াচ্ছেন মাটিতে লুটোপুটি ।

সেই মমতাই মুখ্যমন্ত্রী হলেন ,

দেশের দশের দুঃখ যত,

ঘুচিয়ে তো দিলেন।সাড়া পড়ে গেল,

বিপক্ষদলের মহাকৌশল জেতার ,

তাঁর সঙ্গে মহারণে।

দেখা যাক এবার দেশ বাসির ললাটে

কি দুঃখ দুর্দশা বয়ে আনে?

৫৭) নারী সৃষ্টির অহংকার

১৩/০৩/২০২১

মহিলা দরদী কবি নজরুল লিখে গেছেন

 আমি সদা সাম্যের গান গাই তাই ,আমার কাছে

পুরুষ নারীর কোন ভেদাভেদ নাই

এ বিশ্বে এলো, যত পাপ তাপ,

বেদনা অশ্রুবারি অর্ধেক তার করিয়াছে নর ,

অর্ধেক তার নারীরূপের লক্ষী, গুণের লক্ষী ,

লক্ষী নারীনারী ফিরিছে, বিশ্ব মাঝেরে ,

রূপে রসে সঞ্চারী।কিন্তু এর বিপরীত,

ঠিক দেখা যায় মানুষের সমাজ!

কন্যাসন্তান জন্ম নিলেই ,মাথায় পড়ে যেন বাজ!!

পুরুষ সামলায় বাইরের দায়িত্ব ,নারী ঘরে ও বাইরে।

 তাই বলতে মন যায় ,এ বিশ্বে নারীর তুলনা নাইরে।

প্রাণীজগতে গাছপালা, লতাপাতা নারীই মহারাণী!

 পুরুষ বিনা গাছপালা বাগানে আমাদের ফুলফল কে দেয়?

অস্বীকার করছি নাকো দেয় হয়ত জানি ,

সম্ভব নয় শত প্রচেষ্টায় অন্য প্রক্রিয়ায় আনি ।

এই কাজে অজান্তেই সাহায্য করে প্রজাপতি,

ভ্রমরতাই আমাদের স্বার্থে ওরা যেন থাকে চিরদিন অমর।

৫৮) পণ্ডিত না আস্ত রাক্ষস

০৩/০৬/২০২১

বনে থাকে বাঘ, সিংহ, ভাল্লুক ,

হাজারো জানোয়ার সবাই হিংস্র ।

আমাদের মনে থাকে ব'ল সাহস ,

রাগও থাকে বহুগুণ সহস্র সহস্র !!

এই নিয়েই সাথে করে চলতে হয় ,

মানুষ কে তার জীবনে ।

কোন ক্ষোভ, কোন দুঃখ, কষ্ট

তবু নাই, আমাদের মনে হায় এখানে !!

আমাদে মনে গায় বুলবুল আর,

প্রাণে গায় মধুর সুরে পাপিয়া!

মনের সবটুকু দুঃখ কষ্ট দূর

হয়ে আনন্দে উঠে উথলিয়া।

শিয়াল আর বনের পাখির মিষ্টি মধুর গানে,

আমরা ঘুমিয়ে পড়ি আবার পড়ি উঠি ।

ওদের মতো ঠিক সময় ধরে বলে দেবে,

এমন দামী ঘড়ির নাই কোনো জুটি।

প্রবাদ আছে, রায় আবার বামুণ,

আরশুলা আবার পাখি, নাকি?

আমি বলি জল আবার আয়না ?

চলো তাহলে আয়না বাদে জলেই মুখ দেখি।

একটি গল্প বলি শোন কুমির যখন শুনে ছিল,

শিয়াল নাকি মস্ত বড়ো এক পণ্ডিত ।

তখন নিয়োগ করলো কুমির সে তার ,

ছেলেদের পড়াতে করে সুপরিকল্পিত।

রোজ পড়াতে বসে কুমির বলতো,

ওরে ছেলে বলতো, কানা খানা, গানা ঘানা,

কেমন খেতে মজা লাগে কুমির ছানা?

বলে, না একটি একটি করে সাতটাকেই খায়

কুমির মা দেখতে চাইলেই একটাকে

তুলে তুলে সাত বার সাত দিনই দেখায়।

এই ভাবে সবকেই খেয়ে বন থেকে চম্পট দেয়।

মা কুমির অবশেষে কেঁদে কেঁদে জঙ্গল ঘোরে

কেঁদে কেঁদে সারা হয় কেঁদে কেঁদেই শেষে

মানুষের হাতে ধরা পড়ে, বেচারা হায় মরে!!

৫৯) পাকা আমের কি মাহাত্ম্য

১৭/০৮/২০২১

ও গো মিস্টি মধুর পাকা আম,তোমার সাথে পোলাও ,বিরিয়ানীর নাইকো কোন ,আমার কাছে দাম ।থালা থালা আম খেলেই ,ভরবে যখন মোদের পেট।তখন গিন্নীদের উনুনেতে হাত ,পুড়িয়ে সারা দিন রান্না কেন ভাত।ঝরিয়ে কপালের ঘাম ,মাথা করে হেঁট? ঘরে যদি থাকে ভরা পাকা পাকা,অনেক অনেক আম।খিদে কেন লাগবে? ঘুরে ফিরে ,বার বার খাবো, কেবল আম।ছেলেবেলায় দেখেছিলাম এটাই ,কেবল ছিল আমাদের রীতি।ভাত না খাও, যায় আসে না ,আম তোমাকে খেতেই হবে এটাই ছিল নীতি।একটু যদি খেতে তুমি করো ঘ্যান, ঘ্যান হের ফের!!চুলটি, ধরে বাড়ি থেকে দেবে করে তোমায় একেবারে বের।বর্তমানে দেশের অবস্থা এমন ধারা হলো আমবাগান কোথায় পাবে? ইঁটের পাঁচিলেই ঘর বাড়ি ভরে গেলো ,বাড়িতে বাড়িতে দালানে,দালানে দেশটা গোটাই যেন গেল ঢাকা। ফল স্বরূপ দেশে আমের কেজি ছাড়ালো দুশো আড়াইশো টাকা।আমার ছোট বেলা কুড়ি বিঘা আম বাগানে,আমের দাম ছিল আট থেকে পরে কুড়ি টাকা ।ভবিষ্যতে আসছে সময় চালের কেজিএকশো টাকার উর্দ্ধে যাবে!!গরীবলোকেরা কি তখন শুধু থালা ,বাটি চেঁটে চেঁটে খাবে? পঞ্চাশ কেজি,ওজনের খাসির দাম ,তখন মাত্র আঠাশ টাকা।এখন সেই খাসির দাম হচ্ছে দশ থেকে ,প্রাই পনেরো হাজার ,মাংসের দাম হচ্ছে আটশো থেকে ,হাজার টাকার বাজার।আমি আম খেতে সবচেয়ে ভালোবাসি ,আমের সাথে পাল্লা দিতে আসছে এবারচিনি পাতা দই আসি।আমি পা মেলে সারাক্ষণ কিযে করি ,এদের গুণে ও আস্বাদে বিভোর হয়ে ,থাকতে ভালো বাসি !!

৬০) পুষ্টির করি ফুষ্টি

পুষ্টি তোমার গুষ্টির আমি করি ফুষ্টিনুস্টি

 তোমার এই অনাচার ,আমাদের নিয়ে চলতে পারে না ,

জারিজুরি বেশী তোমার আর।

কেউ বেশী না খেয়েও ফুলে হচ্ছে যেন একটা মোটকা বালিশ বিছানেতে রাখা।

 চলতে ফিরতে একটুতেই লাগবে যেন অটোকিস্বা ঘরের ভিতরেই চারচাকা!

আবার কেউ হাজার খেয়েও হচ্ছে যেন কঙ্কালসার দেহ। দেখে হচ্ছে মনে সবাই যেন খাচ্ছে সুখে ভালোখাবার ওদের দেবার নাই কেহ।

আসল কথা খাবার থেকে পুষ্টি পাওয়ার অক্ষমতাওদের পরিপাক ক্রিয়ার।

চিকিৎসকের পরামর্শ নাওগা এটাই প্রয়োজন ক্ষেত্রে আগে সবার।

তাও যদি না কোন কাজ হয় তাতে মেনে নাও এটাভগবানের খেলা।

কারো বংশে মোটার ধাত কারো বংশ রোগা এই নিয়েই চলে ঈশ্বরের লীলা।

৬১) কাঠের কি গুণাগুণ

১৭/০৪/২০২১

দেশে এক যে আছে পাখী ,পোড়া কপালে কোকিল

কোকিল তো না এক বিশেষ দলের পটানো উকীল। দিনেরাতে, সকাল সাঁঝে,শুনানী শোনাই যত বাজে। দিবারাত্রি ক্লান্তি নাই, মানুষের ক্লান্তি আনে কাজে,

মনে কালি গালে কালি বংশে কালি শুধু কালো কালো

কুকু বলে আর ডাকিস না লাগছে নাযে আর ভালো

আগে ছিলি বসন্তের কোকিল প্রবাদটা কোথাই গেল

কাকদের সব ধংস করে পাপের জন্ম দিয়ে দেশটায়

কাকতো তেমন চোখে পড়ে না সফল হলি মনবাঞ্ছায়

সারা বসন্তকাল ধরে মজা করে খেলে গেলি হোলি

তারপরেও অনবরত কুহুকুহু ডেকে ডেকে থেকে গেলি

বসন্তের সেই মন মাতানো গান কোথায় গেল হারিয়ে অষ্টপ্রহর গান ভাল লাগে না,

ফ্যান রাখি তাই চালিয়ে।

এই ভাবে দেশের শান্তি মনের শান্তি বজায় রাখা যাবে

কোন কাজ নাই শুধু ডাকাডাকি কানটা কালা কর

বেতোর ডাক যাতে কানে না আসে ফ্যানটাই খুলি তবেঠাণ্ডা লেগে বুকে ব্যাথা সর্দি কাশি,

বিলও বেড়ে যাবে তোর যত ধ্বংস কামনায় মনে হয় গাছেরে নিধন করি কিন্তু তোকে সাবাড় করার আগে প্রণীকুল যাবে মরিদোহায় ভগবান প্রয়োজন নাই কোকিলের গানে আরএত ভালো লাগলে সুযোগ তো আছে ক্যাসেটে তোলার। অসংসারি পাখীকে বিনাশী অন্য পাখির জন্ম দাও।

সমস্যা ভরা জীবনে একটু স্বস্তির পথ তুমি দেখাওঝকমকে ফ্ল্যাট সাত তলা বিল্ডিং মনোহরণ জানালাহু হু, করে বয়ে যায় ঠান্ডা বাতাস সারা সারা বেলাজানালা গুলি সব রঙ বেরঙের সুন্দর সুন্দর কাঁচেরআবলুস গাছের নাই প্রয়োজন জানালাও কাঠের।

কিন্তু গাছ যে আমাদের কত উপকারি বন্ধু, জানো?

ফল দেয় ফুল দেয় বাতাস দেয় আর কত কি দেয় শোনো শব্দদূষণ থেকে মুক্তি দেয় কাঠের দরজা জানালা ভালো করে বন্ধ করে দিলে কানে ধরে নাকো তালা।

৬২) অন্তিমশয্যা

১৯/০৬/২০২১

নূতন অন্তিমশয্যা পাতবে মানুষ মাটির গভীর নীচে,

পাবেনা খবর থাকবে না কেউ লাগতে মোদের পিছে।নূতন প্রতিবেশী জুটবে তখন জানা নাই পরিচয়,

থাকুক না থাকুক কেউ কোরান যেন মোদের সঙ্গী রয়।দয়ার সাগর আল্লাহ মোদের তাঁর কাছে যাবো সুখের যততাঁর কাছে ফিরে যাবো ভয় কেন তাতে এতো?

 ভাবিয়া পাই না কিছু,যতই,ভাবি তাঁর অপার মহিমার,

তাঁরই তো সকল সফল সৃষ্টি বিশাল বিচিত্র এই সংসার যেদিকে তাকাই শেষ নাই,

শেষ নাই যেন কোন তার।মাথার উপরে বিশাল আকাশ অসংখ্য গ্রহতারা নক্ষত্র,তারি নীচে দেখ অসংখ্য নদীনালা বিশাল যত সমুদ্র।

ভূপৃষ্ঠে দেখ গাছপালা,জীবজন্তু পশু পাখপাখালির,

বিপুল সমারোহে মহা সুখে আছে বিশ্ব নীখিল সংসার।সৃষ্টির সেরা মানুষ যখন তাঁরই তো সব দায়ভার যত,

কোথায় ফের পাবো ঠাঁই আবার আমাদের মনের মতো।

গভীর বিশ্বাস আর আন্তরিক ভালবাসায় সঁপেছি,আমার আল্লাহর কাছে এই প্রাণ,একেবারে ঢেলে দিয়েছি।

৬৩) অবসান

০৩/১০/২০২১

আল্লাহ তোমার শখের এই দুনিয়া

সজ্জিত রেখেছো কতইনা বাহারে!!

আহা আজি এই, দুনিয়ায়,

কত ফুল ফোটে কত পাখি গায়,

আজি তোমার এই মনোলোভা,

সুন্দর আমাদের এই দুনিয়ায়!!

কার জন্য এতো পরিপাটি ?

কার জন্য এতো সাজ সজ্জা ।

ভাবি তাই বসে আহারে!!

 মানুষ তোমার সৃষ্টির সেরা,

তৈরী করেছো তুমি যাহাদেরে।

তোমার এই সৃষ্টি চলে,

কতই না তোমার সাধের তালে!!

যাদের জন্য তোমার এতো স্নেহ

ভাবে কি তারা তোমারে কখনো কেহ?

 তুমি তো বিশাল, তুমিতো মহান,

কে কি ভাবলো কে কি বল্লো,

যায় আসে না তাতে তোমার,

কিছুই যে একেবারে তেমন!!

আমার যা পাওয়ার এই দুনিয়ায় ,

সব হয়ে গেছে পাওয়া তোমার দয়ায়,

যত কিছু ছিল মোর পাওয়ার ।

খুঁজতে তোমায় বাড়ীতে বাড়ীতে ,

দেশ বিদেশে পাড়ায় ও দুয়ারে দুয়ারে

 এ দুটি চোখ কোথাও তোমায়

কিছুতেই খুজিয়ায় হায় পেলো নারে।

অবশেষে আওয়াজ এলো যেনো

দূর শূন্য কোথা হতে আমিই ,হলাম সেই "এ" ।

অর্থাৎ যা কিছু দেখ্ছো তোমার সম্মুখে ,

আমি হচ্ছি সেই তোমাদের "এ"!!

ইঁনি তোমাদের প্রিয় সেই সৃষ্টিকর্তা ,

মোর সৃষ্টির মাঝে আমি বিচরণি।

জানি আমি, আমার প্রিয় বান্দা তোমরা,

বিশ্বাস রাখবে আমায়,

তোমরা কত খানি।

তাই, আল্লাহ আমি চাই যতদিন বেঁচে থাকার,

 দাও যেন সুযোগ, সুবিধা তুমি আমাকে,

তোমায় মোর মন প্রাণ ভোরে ডাকার!!

খোদা হাফেজ।

৬৪) জটিল ধাঁধা

অনেক কথার উত্তর দিতে তোমরাসকলে পারো অতি সহজেই।

কিন্তু এই কথার সঠিক উত্তর দিতে হিমশিম খাবে তোমরা যত আছো অনেকেই।

কাক কেন ডাকে বলো চিৎকারে কা কা?

ছেলেরা কেন ডাকে বলো ব'লে মা ও মা?

পাকা কলা খাও, বল্লে নাইকো তাতে কোনো

রখমের কোনো জ্বালা।

কিন্তু গালির সময় বল্লে   রাগো, যাও খাও তুমি গাধা কাঁচকলা!

কাঁচকলাতো বেজায় উপকারি ,দামও তার প্রায় আকাশ ছোঁয়া।

জিনিষের দাম কমাতে হবে ব'লে পার্টির যতোসব মিথ্যা বড়ো বড়ো ভাষণ দেওয়া।

গালি গালাজ করতে সবাই যতো ব্যবহার ,

করো কথাটি শালা।

কিন্তু বৌ এর ভাই এলে শালা,

সাদরে পরাও গলে তাদের সুন্দর সম্ভাষনের মালা।মানু ষের সব

অভিনব চালচলন বলোনদেখে হচ্ছি চিন্তায় ও ভাবনায় অস্থির
।

ভেবেই পাচ্ছিনা কি ভাবে চল্লে মানব,

জীবনে ফের ফিরে আসবে স্বস্তি?

আমারা এই ভাবতেই বাঁচবো হয়ে নির্বাক শ্রোতাও নির্বাক
দর্শক।

আমাদের কোথায় অভাব কি অসুবিধা?

নাই আমাদের কোনো সৎ দায়িত্ববান আভিভাবক। সুকৌশলী
রাজনীতিবিদেরা এই ভাবেতেই,

চালাবেন তাদের রাজনীতি।

রাজ্য চালাতে ভালো ভাবে নাই কোনউৎসাহ,

নাই লজ্জা, নাই কোনো ভয় ভীতি!!

আমরা জনসাধারণে যত কেন মরি.

তাদের চালানো যাঁতা কলে পিষে।

ওদের রাজ্য চলবে একত্রে ওদের চলনে,

বলোনে মুখের সুমধুর ভাষা ও শিষে!!

৬৫) একি নৃশংস হত্যাকান্ড

০২/১০/২০২১

 তোরা সব আয়রে ছুটে ছুটে আয়

আমরা সবাই এক সাথে গলাছেড়ে,

গলা মিলিয়ে গান গায়।

"বরিষো ধরার মাঝে শান্তিরো বারি

কেন এ হিংসা দ্বেষ কেনো এইছদ্মবেশ,

কেনো এই মান অভিমান ?

বিতরো বিতরো প্রেম পাষাণো হৃদয়ে

জয়ো জয়ো হোক তোমারিই ই "!!

বরিষো ধরার মাঝে শান্তিরো বারি"।

বিরাট বিরাট দীঘি কালো কালো ভরা জলে

 যেন বয়ে যায় ছলো ছলো।

তারি পাড়ে ধারে ধারে গাছেদের,

যেন চলে মহা উৎসব দলে দলে।

ও বলে আমায় দেখ ডেকে ডেকে,

শুধু আমাদের হেঁকে হেঁকে গো বলে !!

সেই গাছের ডাল পালা কেটে ফেলে,

এসে একদল গ্রাম্য নরপিশাচ মিলে।

দেশের নোংরা আবর্জনা জড়ো করে,

তারপরে কেরসিনে আগুন যায় ধরে।

গাছগুলি দাঁড়িয়ে থাকে আধপোড়া অবস্থায় ,

শুকনো ডাল সব মেলে।

খোদার রাজত্বে আবার দেখি কিছুদিন পরে ,

মরা ডালে আবার আগের মতোই তারা,

ডাল, পাতা সবে পেলো ফিরে!!

পাখিরা সব গাছে বসে পাতার আড়ালে,

গান গেয়ে আমার মনে সুস্থির যেনো বাড়ালে!!

ধন্যবাদ আল্লা সকল প্রশংসা তোমারই জন্য!!

৬৬) আল্লার গড়া সুখ দুঃখের পৃথিবী

২৫/০৯/২০২১

আল্লার গড়া সুখের সমুদ্র স্বপ্নময় এই সোনার পৃথিবীতে ভরা সুখ আর আনন্দে পাপি হয়ে যারা জন্ম নিল ডুবে মরুক পাপের পঙ্কিলে ভরা যত খানা খন্দে।বঙ্গের বীর মুক্তিযোদ্ধা নেতজী সুভাষপরাধীন ভারতের স্বাধীনতার আশ্বাস।

তাঁর স্বপ্ন সফল করলো বাংলার বীর সন্তান।

তাঁদের জানাই শত শত সালাম,সুখী হলো যে মন। শক্,হুনদল,পঠান,মোঘল কত না এলো দেশেএকে একে সবে বিদায় নিল দেশ ছেড়ে বিদেশীরা অবশেষে। ভারতীয়রা রইল আপন দেশে শেষমেষে।

আবার যখন জাত পাত নিয়ে নোড়লো মাথার পোকা,দেশ ভাগাভাগি নিয়ে পরস্পরে দিল অপরকে ধোকা।

সেই যে চলেছে দেশ নিয়ে পরস্পরে দলাদলিফলস্বরূপ অভাবে কেঁদে মরছে অসহায় মানুষগুলি।

সব ছেড়ে এখন দেশের আলোচনা একমাত্র তালেবান,

যার জন্য একই নির্ঘন্ট আলোচনায় মাথা ঘোরে বনবন।তালেবানরা থাক না নিয়ে আফগানস্তান আর পাকিস্তান,

তাদের নিয়ে আমাদের মাথা ঘামাবার কি প্রয়োজন?

৬৭) এতিম প্রিয় কবি নজরুল ইসলাম

২১/১২/২০২০

বর্ধমানের চুরুলিয়ার প্রত্যন্ত গ্রামে বাস ছিল

সুবিখ্যাত নামি বংশের দরিদ্র মধ্যবিত্ত ঘরে।

কে জানতো বল ,তুমি একদিন কবিকুলে

আকার নেবে কবি হয়ে বিশাল মহিরুহে?

নাম ছিল কবি ফকির তোমার ,মনটা তোমার

বাদশার ,তাই দেশ রক্ষার্থে সৈনিক বেশে,

পৌঁছিলে সরাসরি বীরবিক্রমে,

দেশের সীমান্তরেখা পার!!

কবি হয়ে কি করে মানাই ,সীমান্ত রক্ষক নাম?

বর্ধমানরাজার, নামজাদা উকিল বদরে আলাম

ইসলাম, ছিলেন বর্ধমানের তালুকদার।

যেদিকে তাকাও সবই যেন তার , মায়ের, ঠাকুরদাদার।

সেই বংশেই জন্ম নিয়ে, কি দরিদ্র দশা ছিল

আমার কাজি নজরুল নানা ভায়ের!!

তোমরা বলবে হয়তো আহা, নামি হলেই কি,

বুঝে নিতে হবে ,যত আত্মীয় সব তোমার।

ঘেঁটে বার কর যতো আছে পুরাণ কোরাণ।

বর্ধমানের খোসবাগানে ইসলাম মঞ্জিলের

আমার মামার বাড়ি,রমরমা সব কোটকাছারী

আমার মায়ের আত্মীয় স্বজনে ছড়াছড়ি।

কাজী নজরুল , ফুপা কবি গোলাম মোস্তফা,

কবি সৈয়দ মহাম্মাদ সাবীর উল্লা বাবার ছিলেন মামা।

মোঘল আমলের ছড়ায় লিখেছিলেন উষ্ণ

দেশাত্মবোধক ছড়া। মোঘলদের ঘোড়ায় পদ

পিষ্ট ব্যাঙের মৃত্যুকে ঘিরে সমস্ত প্রাণীর একত্রে

বিদ্রোহ ঘোষণা রয়ে গেছে ছোটবেলার স্মৃতিতে।

সৈয়দ ,আমার মাননীয় নবীর বংশ পড়নি কোরানে?

সেই বংশজাত আমি একজন ,জানতে চাওতো খুঁজে নাও
আমার জীবনতথ্য যতো!

কাজী নজরুল ছিলেন বিশ্বকবি ভাবাটা হবে না ভুল।

বর্ধমানের প্ল্যাটফর্মে, অভিনন্দন মালা পরাতে

গিয়ে রবীকবি, নজরুলকেই সে মালাদিয়ে হাতে বলে ছিলেন,
তুমিই যোগ্য এই মালার, মোর মতে।   ঈশ্বরপ্রাপ্ত কবি প্রতিভার
অধিকারী ছিলেন।

সকল ভাষাতেই অসীম পান্ডিত্য ছিল তাঁর ।

সব ভাষাতেই গান রচনা ও সুর দেওয়ার ক্ষমতার ছিল না অভাব ,মোটেই ছিলনা তাঁর কাছে ভার।

বাংলা মায়ের সুসন্তান ,কোনো ধর্ম ছিলো না তারপরতার রচিত শ্যামাসঙ্গীত ও সুরে মুগ্ধ এ অন্তর । কোন পিশাচিনীর চক্রান্তে এই নির্মম যন্ত্রনা ভোগ বাংলার কবিকে নিয়ে গেল পূঃবাঙ্গলা দেখাতে রোগব্যর্থ হলো মনোরথ ,সকলি আশা গেল ধূলায় মিশে।

সারা ভারতের বাঙ্গালীর ,হতাশার নিশ্বাসে নিশ্বাসে!!আরো বেশীদিন বাঁচলে ,

দেশটা যেত তাঁর কবিতায় ঢাকা পড়ে।

স্বদেশীকতায় বর্তমানের প্রজন্ম উঠত ভোরে নব চেতনায় গড়ে!!

মালদার প্রয়াত গোণী খান চৌধূরী সে যুগের বিখ্যাত কাজী ডাক্তার,গায়ীকা সাবিনা ইয়াসমীন,ফেরদৌসিবেগম,সেখ হাসিনা বেগম সারা বাংলা দেশী,ইআমারি মাতৃ পিতৃ কূলের তাইতো আমি এত আত্মো বিশ্বাসি, বাংলাকে আমার ,এত ভালবাসি!! সারা বিশ্বে ছড়িয়ে ছিটিয়ে, আছে বাঙ্গালীর নিশ্বাস।

কবি রবীন্দ্র নাথ ও কবি নজরুল ,বাংলার বিশ্ব কবিআমরা বাঙ্গালী ,আমাদের প্রাণের সুদৃঢ় বিশ্বাস ।গায়ীকা নার্গিস বুবু ছিলেন গান শেখার আশ্বাশ।

৬৮) প্রেম

২৩/০৮/২০২১

ভালবাসার অপর নাম বিশ্বপ্রেম,

প্রত্যেক প্রাণীর বক্ষঃস্থলে এর বাস।

তাই কবি লিখেছেন ভাল বাসা হলো,

মানুষের এই দেহের নিঃশ্বাস !!

নিঃশ্বাস ছাড়া কেউ কখনো বাঁচে কি?

কিন্তু এই বিশ্বের বর্তমানে দেখতে পাচ্ছি ছবিটি!!

 মাতৃপিতৃর এমন কি,ভাইবোনের আত্মীয়স্বজনের,

পাড়া প্রতিবেশীর জীবজন্তু, বন্ধুবান্ধবীর এমন কি স্বামীস্ত্রীর।

দেশপ্রেমিকের দেশপ্রেম নিয়ে বিশ্ব জুড়ি

চলছে হিংস্র জানোয়ারের মত ছেঁড়াছিঁড়ি

মাতৃজাতিও যাচ্ছে না বাদ!

চুল ধরে হিঁচড়া হিঁচড়ি?

সারা বিশ্ব টিভির পর্দায় বিস্ময়ে দেখি এই ছবি!

কিন্তু এই পবিত্র ভালোবাসাকে নিয়ে এই নৃশংসতাআর কতদিন
নীরব থাকবেন আমাদের বিশ্বমাতা !!

এখন দেশপ্রেমিক মানেই হচ্ছে মারামারি কাটাকাটি,

তাই মনেহয় সারা দেশ পরিণত হবে কেবল শূন্য মাটি!চীন সহ সারা পশ্চিমি দেশ এটোম বোম নিয়েকোমর বেঁধে নেমে পড়েছে, মাধ্যমে পাকিস্তানে

উস্কানি আমেরিকার, রাশিয়া ভিন্নমত পোষন করে

দেখা যাক, দেশ ভাগাভাগি নিয়ে আর কতদিন খেলা করে এর পিঠস্থান হচ্ছেন একমাত্র আফগানিস্তান।

এই নশ্বর জীবনে দেশ দখল নিয়ে কেন এত টানাটানি?অপেক্ষমান আছে নীরবে তোমার চিরস্থায়ী কবরখানি!!

৬৯) চাঁদ ও চন্দ্রা রাণীর মুখ

১৯/০৯/২০২১

হঠাৎ দেখি রাত্রিকালে ঘুমের ঘোরে চাঁদের আলো দাঁড়িয়ে আমার দোরে!

ঘুমের মাঝেই হঠাৎ চমকে আমি উঠি,

অবাক হয়,সঙ্গে সঙ্গে উদ্বেগের সাথে!

জানতে চাই চাঁদের আলোর কাছ হতে,

তোমার আগমনের ভাই বিশেষ কি কারণ?

উত্তরে চাঁদ ভঈষণ ক্ষীপ্ত হয়ে রেগে করে বারণ ,

আর যেন না দেখি কোনো দিন তোমার কাছে,

আমার ঘোর শক্র চন্দ্রারাণীর ফের আগমন !!

বল্লে চাঁদ আমায়, চন্দ্রার রূপে মুগ্ধ তুমি গদোগদো হয়ে,

আমায় দেখি তোমার থোড়াই কেয়ার!

রাখতে সদা মনে ,তাই তারজন্য

তোমার কোনো কিছুই যায় না বোয়ে!!

আমি বলি উত্তরে তার বাহঃ বারে বাহঃ

তোমার একি দেখি অন্যায় আবদার ?

ছোটো থেকেই কোলে পিঠে যাকে মানুষ ,

করেছি আমি ,তারে ভালোবাসার থাকবে নাভালবাসাগত কোনই আমার অধিকার?

নিঃসন্তান তুমি তাই, সদা সারারাত থাকো,

পৃথিবীর দিকে ফ্যাল ফেলিয়ে চেয়ে চেয়ে!

আকাশ বাতাস আনন্দে মুখর তাদের নিয়ে ;

তুমি ছাড়া গদোগদো!আদরের সন্তানই আশা!

জেনো বাঁচার অপর নাম হলো জীবনকে ভালোবাসা ।ঈশ্বরের সৃষ্ট জীব অর্থই হলো যত সবকে করো যত্ন।একটাই কারণ সবই আল্লার সৃষ্টি, যেনো রত্ন!!

৭০) ফৌজদারি আমার বাগান

২৬/০৯/২০২১

আমার চোদ্দো পুরুষের জমিদারির সরকার প্রাপ্ত ফৌজদারি বাগানে,কত বিচিত্র বিখ্যাত প্রজাতির আমগাছ সাজান আর লাগান বিদেশ থেকে এনে।ছোট বেলায় আম জাম কাঁঠাল তেঁতুলআর জল শিরিষ আমাদের এই বাগানে।মহা উৎসব লেগে যেতো আমাদের ছোউ এ মহা আনন্দময় জীবনে। প্রতিদিন যেতাম সঙ্গে চাকর আম পাড়ার জন্য নিয়ে সব বস্তা আর থলে।ফিরতাম সব চাচাতো ভাই বোন এক সাথেযারা সব যেতাম এক সঙ্গে মিলে।হাই আল্লাহ!! অরাজকতার দিন শুরু হ'লেতখন এবার হৃদয় একেবারে গেল জ্বলে।পূর্ব বাংলার আগতদের অত্যাচারে গাছগুলো সব কেটে আমি দিলাম ফেলে।আর চাষ শুরু করলাম ,আখ ধান পাট আলু কুমড়ো তরমুজ বেগুন আর শসা।আমার কির্লোস্কার হিরোহন্ডা ও হ্যান্ডট্রাক্টারে ,ধান ঝাড়া মেসিন সহ শুরু করে দিলাম আমার চষা।আমার মেয়েরা বোনঝি বোনপো মিলে দেখতে যেতোমাঠের তদারকি করে বাড়ি ফিরতে,রাত হতো নামজাদা সৈয়দ বংশীয় সেকালের আমি এক ,দূর্দান্ত শক্তিশালি চরিত্রের মহিলা।হৈ, চৈ ফেলে দিয়ে ,অবলা মহিলা আমি হলাম ,এক চরম উৎসাহি স্ববলা মহিলা।মেমারি রসুলপুরের আলুর দুটোই কোল্ডস্টোর।মেমারি রসুলপুরের ধানের আড়ৎ দুটোএরাও হলো সব নামে বুক মোর।

কলমা, দুধকলমা,কীর্তিকসাল,সাদাকালো আঊস ধান এমন কি ঝিঙ্গেশালও।লালে লাল দুলালি ধান, সাদা কালো রঙের পোলাওয়ের ধান,স্বর্ণ ধানের চাষ করে,যতো গোলা ভ'রে সারি সারি করে,উঠানে রাখতাম মরাই ভ'রে ভ'রে।কলির যুগে এতো সব বিজ্ঞানীরা কত রকম,ধানের বীজ করছে আবিষ্কার ।পারলো না কিন্তু মুছে দিতে আমার সেই পুরোনো,দিনের প্রসিদ্ধ চাষি নামের অধিকার ।উচ্চবংশীয় বলে আমাদের পরিবারের ,ছিলো না কোন অহমিকা ।

সেই বিশ্বাস নিয়ে খয়রা,বাগদি,সমস্ত এমন কি কাজের পরিচারিকা।সাঁওতাল মাসি হোপনা সুনু পানড্রি সুখি,পুতুল আর সব সাঁওতাল মেয়ে,কালো গুড়ুম রাঁঙ্গা মাঝি সুনুও হোপনা,বস্তা বোঝাই নাম বল্লে যাবে নাজে গোণা।বন্ধু, গণনা করে পাবোনা কূল কিনারা এবার,তাই বন্ধ করি আমার ঝাঁপি।এত বক্ বক্ করে ভ'রে ফেল্লাম খাতাতাই বন্ধুবর্গের কাছে করজোড়ে চাই মাফি। পাঠশাল স্কুল কলেজ জীবনে বেটিয়া

 কল্পনা,মধ্যপ্রদেশের কৃষ্ণা হান্ডে,টিচারীকালে ,ইংরেজ মহিলা এলিজাবেথবাটর্লে, একসাথে খেলা এক পাতে খাওয়া ,কখনো তো করিনিকো কেউ কাউকে ঘৃণা।জীবজন্তু জানোয়ার গাছপালার তাওকরেছি জীবনে অনেক সেবা।সবইতো আমার প্রিয় আল্লাহর সৃষ্টিএরা যে সব জানে না তা আবার কেবা?

 তাইতো আল্লাহ ও আমার মনের সন্তুষ্টিরজন্য এ সব টাকা ফসল সকল বিক্রিরকরেছি খরচ আমার কাঁঠাল গাছি কোলেপাড়াস্কুল গড়তে আর বাকি গ্রামের লোক যারা। এছাড়াও এই স্কুলে টিচারী করেছি বারোবছর ফ্রি সার্ভিস দিয়ে এমন কি পাঁচটা পর্যন্তঅশিক্ষিত গ্রামের নারীদের নাইট

স্কুলে আসতো। সেই আমাদের নিজ পরিশ্রমে গড়া বিল্ডিং তিনতলা গ্রামছাড়া আরও কত বহিরাগত ছাত্রছাত্রী করছে উজলা!

৭১) প্রশ্ন

ওগো আল্লাহ ভাসাইলে যারে,

ডুবাইলে যারেতাঁদের মধ্যে ডাক্তার বাবুরাও পড়ে কি করে?

পরের দুঃখে ঝাঁপিয়ে পড়ার ওটাই কি মাসুল, আর্তকে সেবা করা পুণ্যের কাজ এটাকি ভুল?

ক্রমশ্য মৃত্যুর হার বেড়ে চলেছে পাহাড় প্রমাণ

আল্লাগো তুমি কি করবেনা এর কোন সমাধান !!

একের পর এক ভয়াবহ দুর্যোগে মানুষ দিশাহীন,

ঘরেতে নাইকো অন্নসংস্থান মানুষ হয়েছে কর্মহীন।প্রশাসন হয়েছে ব্যাস্ত কি করবে মাথার নাইকো ঠিক।কিযে করবে কি করা উচিত হারিয়েছে জ্ঞান দিশ্বিদিগ!!

এর মধ্যেই চলছে শাসকদের যত পারে দড়ি টানাটানি কে কার সমালোচনা করে,

করতে পারে কত মানহানী!

ঠিক জানা নাই তবে আভাসটা পাই কোরানেতে লেখাধ্বংস হতে চলেছে এই পৃথিবী শীঘ্র মিলবে দেখা। আসবেন নূতন জন্ম নিয়ে ঈশাআলাইহে ওয়া সাল্লাম,নূতন করে বৈবাহিক জীবন গড়ে বাঁচবেন চল্লিশবছর সোনার পৃথিবীতে দেখবে একসাথে বাস বাঘ,হরিণের থাকবে না খাওয়া খাওয়ি কোন রেষারেষি চেঁচামেচি,

এই ভাবতেই নূতন ভুবন থাকবে আবার শান্তিতে বাঁচি।

৭২) বদ্ধঘরে

০৬/০৬/২০২১

বসে আছো তুমি পুতুল হইয়া পুতুলের বেশ ধরে,

বদ্ধঘরে একেবারে দরজা জানালা বন্ধ করে ?

দরজা খুলিয়া বাহির হইয়া মুক্ত আকাশের পানে চাও,

সুনীল আকাশ তোমা পানে চাহিয়া, একবার তাকাও।বাতাস তোমায় ফুরফুরে আওয়াজ তুলি দেয় হাতছানি।দেখো তোমা পানে ঝড়ের বেগে যায় বয়ে শনশনি,প্রকৃতি তো আল্লার দান চাঁদ, সূর্য্য তাঁরই তো দান,এই সব দেখে প্রমাণিত হয় তিনি যে কত মহান!!

মোরা মনুষ্য জাতী জাতীর শ্রেষ্ঠ বলে দাবি করি,শ্রেষ্ঠত্ব কাজেতে নাহি, কোন প্রমাণ করিতে পারি!!

দাঙ্গা উপদ্রপ রাহাজানি, পার্টিতে নিত্যদিনের ব্যাপার,দরিদ্ররা সেই দরিদ্রই আছে,আশা নাই কোন পাল্টাবার,হাই আল্লা বিদ্যাসাগর মাতঙ্গিনী হাজরার এই দেশে,এই চিত্রটা দেখতেই হবে ভেবেছিলাম,

কেউ কি অবশেষে?

অভাগা দেশবাসীকে মা গো আর করো নাকো রিক্ত,দারিদ্রতা দূর করে দাও আর ভাসিওনা আঁখি, করে সিক্ত, মহান মহম্মদ এই দারিদ্রতা উচ্ছেদের তরে উৎসর্গকরে, বিলিয়ে দিয়ে ছিলেন সর্বস্ব এটাই তাঁর আদর্শ।

৭৩) বনের পাখি থাকে বনে

বনের পাখি থাকে বনে,আর আমি থাকি "মনে।"

বনের পাখি তো মনের সুখে তার গান গায় ভাই।

তবে আমি কেন ক'রে,মরি, দিন রাত হাই হাই!

সবার চোখে আসে ঘুম,আমার চোখে নাই একদম। "মনের" মধ্যে নাচে যত "চিন্তা,"তাধিন তাধিন তাধিন তা তা।"চিন্তা" বলে আমাকে হারাতে যা পারিস করে নেগা,তাই এই "মন" ভাবে "মন"হ'তো,যদি,আগের মতো অনেক বয়স কম, বলতাম তুই কেরে নিকম্মা?

 আমাকে ভয় পায় স্বয়ং যম!!

"চিন্তা" তো আপন মনে হেসেই খুন,

গান গায় আপন মনে গুণ গুণ।

জানো না ,বলে হেসে হেসে,

বয়স হলেই মানুষ যায় ফঁসে।

 সবাই তখন চলে যায় তোমায় জেনো

একা একা ফেলে রাখি।

আমি "মন" থাকি তোমার এক মাত্র সঙ্গী,

তোমার প্রাণের সাথী হয়েই থাকি!

৭৪) ববীর আত্মকাহিনী

০১/০৯/২০২১

ছোট মামা আমিনুল ইসলাম শিশু কালেই মাতৃ পিতৃহীন।

বাল্যকাল থেকেই বিখ্যাত ফুটবল প্লেয়ার বলে খ্যাত তিনি ছিলেন।

খোসবাগানের ইসলামমঞ্জিলে বাসরাস্তার ওপারে আনম্যারেড বয়স্ক ভদ্রলোকের বিরাট পাঁচিলে ঘেরাবাগানটাই ছিল ফুডবলখেলার আবাস।

সেই সম্পর্কেই মামার সাথেবাগান বাড়ির ওয়ালার সুসম্পর্ক।

সংসারহীনা নিঃসন্তান, ভদ্রলোক তাঁর বিলাতিসখের খরগোশটাকে মামাকেই দিলে সঙ্গত হবে বলে তুলে দিলেন ,তাঁর হাতে ঐ ফাঁকে।

আনম্যারেড ছোট মামার নিজের খাওয়া পরার নাই কোনো ঠিক,

বাড়িয়ে দিল বাড়তি চিন্তা খরগোসটাকে নিয়ে রিস্ক। তাই দিয়ে গেল শেষে, ওঁর সেজ,বুবু, আমার মায়ের কাছে নিয়ে।

এক নিমেষেই সব ভাবনার উপশম হলো শেষে মায়েরকাছে দিয়ে !!

এই সেই পূর্ববর্ণিত ববীর জীবনগাথা।

তার সঙ্গে ফুরিয়ে গেলো,আমার সব কথা!!

৭৫) বিচিত্র অভিজ্ঞতা

২৬/০৭/২০২০

কোলকাতার বিধান রায়, গ্রামের ছেলে শৈলেন রায়চৌধুরী,
গ্রামে বাড়ি ,মেমারি আজাপুরের পরিচিতি নরেন কিম্বা বাদল
ডাক্তারে,একিই সঙ্গে, একই কোলকাতা মেডিকেলে পড়েন
ডাক্তারি প্রতিজ্ঞা করেন, বিনা খরচে চিকিৎসা করবেন
দরিদ্রদেরে।

তীব্র জ্বরে কাতর আমি অসহ্য যন্ত্রণা শুনে ডাক্তার বাবু
বলেন ,আমার জমিদারের মেয়ে, ওকে তাড়াতাড়ি করে আগেই
আনো না।

ছেলে মানুষ আমি মায়ের সাথে গরুগাড়ি করে
যায় টাইফয়েডের রোগী ,দেখাতে বাদল বাবুরে

বয়স তাঁর নব্বুই ঊর্ধ্বে চশমা নাইকো চোখেদেখছেন রোগী
যত ,আতস কাঁচেতে করে।

দেখে শত রোগী হয় না খাবার সময়, পাছে সময় নষ্ট হয়, নাই
যে সময় বেশী হাতে।

চেয়ারে বসে, রোগীদের ভিড়ে ছোট মেয়ে তাঁর খাইয়ে খাইয়ে
যায় খাবার চামচ নিয়ে সাথে।

উঠে যাচ্ছিলেন সিঁড়ি বেয়ে দীর্ঘক্ষণ রোগী দেখার ফলে ক্লান্ত
শরীরে, রোগী দেখাটাই বেশী প্রয়োজন ভেবে,

সেই পথেই নেমে এলেন তৎক্ষণাৎ আবার ফিরে।

তুমি একজন আকাশ চুম্বী বড় ডাক্তার হলে

ষাষ্টাঙ্গে পায়ে হাত দিয়ে প্রণাম করতে গেলে।

মা বলেন, করছেন কি? এতে আমার পাপ হবে!

উত্তরে তিনি হেসে বলেন, এতে পাপ হবে না মা, তুমি হচ্ছ আমাদের জমিদার গিন্নী।

এর জন্যেও আপনার কাছে থাকলাম, আমি চিরঋণী,

প্রতিবেশী এক সাঁওতাল নারী আসল ছাগল ছানারে নিয়ে, গলায় আটকেছে কুলের বীজ।

শুনে সে কথা কম্পাউন্ডার বাবু আসেন তেড়ে। গোলমাল শুনে ডাক্তার বাবু জিজ্ঞাসেন, ব্যাপার টা ঘটেছে কিরে?

সব শুনে বলেন, আনো আনো তাড়াতাড়ি করে। অতিসহজেই সত্বর তিনি দিলেন গলা থেকে সে কুল আঁটি বার করে।

বিধাতার গড়া জগতের বিচিত্র এই সংসারে, নাই কোন ছোট বড় কাজ হেথা।

সব প্রাণী তাঁর করুণা আর মহত্বের দান যেথা!

কেমনে বোঝাই তারে, বোঝে নাতো কেউ, কেবলই গোলমাল করে, আর কাঁদে করে হাওমাও ভেউভেউ।

বয়স্ক মহিলা আমি শিক্ষিত হয়েও সব লেখা ভুলে ভরা। ক্ষমা করে দেবেন বর্তমান প্রজন্মের পাঠক পাঠিকারা। কিযে লিখি, ছাই ও ভস্ম, আমি কি বুঝি তার কিছু, হাত উঁচু আর হলো নাকো, তাই করে লিখি ঘাড় নীচু। শেষের লাইন কটা কবি নজরুল ইসলাম হয়তো আমাকে উদ্দেশ্য করে লিখে ছিলেন কারণ তিনি আজও অমর রয়েছেন সবার হৃদয় জুড়ে জোছনার চাঁদের মতো।

অন্যকে বাঁচালে পরে, বাঁচে মোর নিজের প্রাণ,

এই পরম সত্যটা বুঝে থাকে বা কয় জন।

জন্মিলে মরিতে হবে অমর কে কোথা কবে,

এ কথাতো আমরাও জানি, সবে।

কেন মৃত্যুকে ভয় এত তবে ।

৭৬) বন্ধু কি তুমি

২১/০৬/২০২১

অতিত তুমি জানি বন্ধু আমার ,অতি প্রিয় তুমি ।

তুমি আছো তাই প্রাণে বেঁচে আছি এই আমি ।

কিন্তু "আনন্দ" তুমি যেমন দাও,দুঃখ দাও না কিছু কম ।স্মৃতিগুলি ফিরে এসে বেদনাদেয় মনে ,

মোর হরদম!!

"রাত" আর "দিন" যেমন বন্ধু তাদের

দেখি বেজায় মাখা মাখি!

"সুখ" আর, "দুঃখ" তাদেরও, সমানগলায় মালায় বন্ধুত্ব আমি দেখি। মাঝ থেকে মানুষ আমরা হয়ে .

থাকি সদা দিশাহারা, মনমরা !!

কোনটাকে ধরে রাখি আর ,

কোনটাকে যায় বা ছাড়া ?

ছোটোবেলার পড়াশোনার ,তার সঙ্গে,

জটলা বেঁধে খেলার।

প্রতিবেশীদের প্রেমপ্রীতি যায়মিলে মিশে,

বান্ধবীদের মালায়।

জীবনের সব ঝড়ঝাপটা সামলিয়ে,

সংসার গেছি সুখে নির্বিঘ্নে চালিয়ে।

এখন আমি আমার পৌঁছিয়ে মরণ কোঠায়,

কোন কাজ নাই আর তসবি গুনি বিছানায়।

শয়নে স্বপনে মরণকে বেছে নিয়েছি সঙ্গী করে,

আল্লাহর কাছে পৌঁছে যাব সহজেই ওর হাত ধরে।দেখা হবে কিনা সেথা ,মৃত মাতাপিতা আত্মীয় দের,

মরে খুশি হতাম, যদি পারিতাম চিনিতে তাঁদের !!

৭৭) বাঘ মামা আর শিয়াল রাজা

বাঘ মামার শিয়াল ভাগ্নে,

বেজায় রকম মিল।

পড়লে তাদের সামনে কেউ,

মিলবে না রেহাই এক তিল।

পরের ধনে পদ্দারী বাসতো

সেই বনের ধারে বিদ্যাড়ী।

সিংহ মামা, আত্মসম্মানী,

হয় না কিছুতেই কাতর,

ভরা পেট থাকলে পরে,

কোন চাহিদাই থাকে না আর তার।

শিয়াল হলো তেমনি ধূর্ত,

তার শিকার করাই কজ্জা,

ঢোকে আর ভেঙে দেয়

সব দরমার দরজা।

বাঁদর হলো তাদেরই এক সঙ্গী ,

জমিদারেরই ছেলে ,এমনি যেন ভাবভঙ্গী ।

সবই যেন তারই বাপের জমিদারী ,

নেই যেন তাতে কারোর অধিকারই।

এমন ভাব, তাড়াতে গেলে দাঁত খিঁচিয়ে,

   করবে খ্যাকর খ্যাকর খ্যা,

ভাষাতে বোঝায় দূর আপদ,যা,

যা আপদ দূর হয়ে যা।

কাক, কোকিল ও কম যায় না,

আধ খেয়ে আম ফেলে,

মনে হয় ,ধরে ধরে ঢোকাই

সবকেই একে একে জেলে।

৭৮) মনের জোর

২৫/০৬/২০২১

এক যে ছিলো ঘোড়া তার,

সামনের পা দুটিই ছিল খোঁড়া।

ঘোড়া পোষা মানেই তার পিঠের উপর চড়ে,

এখান সেখান ঘোরা।

কাজে, অক্ষমতার ফলে প্রভু তার,

অগত্যা তাকে ছেড়েই দিলেন নিস্তার।

বনে বনে ,দারুণ খুশী মনে ঘোড়া,

চরে বেড়ায় কভু কাউকে কখনো,

কোন কেয়ার করেনা, সে থোড়া।

এক দিন এক বাঘ এসে হলো হাজির সেই বনে,

কাউকে কোন, আভাষ না দিয়ে অতি সংগোপনে।

অতি আনন্দে সে এক নিমেষে লাফিয়ে পড়ে,

দুস্থ নাচার দুপা খোঁড়া, ঘোড়াটির ঘাড়ে।

নাচার ঘোড়া তখন ওর খোঁড়া দুটি পায়ে,

ছুট লাগালো এমন ,পড়ে প্রাণের দায়ে!!

বাঘ পড়ে রইলো তখন প্রাই দুশো মাইল দূরে ,

বাঘের মনবাসনা তখন রইলো মনেই পড়ে।

 মনে রেখো বন্ধুগণ ইচ্ছাপুরণে সব বাধা,

রুদ্ধ হয় সব দুয়ারের বাধা ,

যদি হয় দৃঢ় মন সাধা!!

৭৯) বিদীর্ণ আমার হিয়া

১৫/০৭/২০২০

তোমাদের স্মৃতি জাগায় প্রীতিচক্ষু, ছলছলিয়া।

হঠাৎ হোয়ে বিচলিত আমি,

কেমনযেন আকুলিত হয়ে প'ড়ে আমার এ হিয়া,

গানতো আসে না মনে এক বারো কভুও

জলেতে ভরিয়া ওঠে এই,

আমার বিদগ্ধ সুন্দর ছোট্ট মন, পাপিয়া।

কেমনে পাড়ি দিলে একে একে সব

আমার কাছের যতো আপন প্রিয় জন আমাদের, এখানে সব
একে বারে যে ফেলিয়া!!

থেকে থেকে একা একা বোসে কাঁদি হায়,

এ ছাড়া উপায় তো আর হায় আমাদের কিছু নাই?

এই রকম কঠিন, ভাবে অত্যাচারিত হই,

আল্লারকাছে, আমরা নাচার মানুষে,

আল্লার সুবিচার কই?

তবু সান্ত্বনা পাই ভাবিয়া পবিত্র কোরআনের বাণী এটাইতো

আসল জীবন নয়,

সুদীর্ঘ জীবন হলো মৃত্যু শুরু হবে আল্লার কাছে আমাদের আসল জীবনখানি

ভালো কাজে বেহেস্ত পাবো,

অন্যথায় নরকে ঠাঁই।

কোরআন হাদিসের কথা স্মরণে রেখে চলিবো সর্বদায়।রাস্তা তো আল্লা বলেই দিয়েছেন পাঁচওয়াক্ত নামাজফরজ করেছেন,

কোরআন পাঠ,রমজান মাসে,রোজামরে সুখী হবো আল্লার কাছে যেয়ে এটাই তো মজা!!

৮০) ব্যবধান

আম গাছের একটা থোকায় আনেক আম তো ধরে,

কেউতো বলে না ছ'ফুট দূরে থাক,

ভালো থাকা দূরে দুরে!

ফুলের বাগানে কত বাহারী ফুলের উৎসবে বাগান ওঠে মেতে,

কেউতো কখন নিষেধ করে নাপরস্পরের সঙ্গে মিশতে সারা
বছরই শোরগোল থাকে বনেপাখিদের মহা সমাহারে ,

কই তারা তো কেউ বলে নাআমার সাথে তুই মিশিস নারে!

জঙ্গলে কত রকমের পশুপ্রাণী বাস করে নিরিবিলি,তারাতো
কেউ ভুলেও বলে নাদুর দূর শিগগিরই চলে গেলি!

শস্য খেতে আলু সরষে ধানেকি অপরূপ সাজে মেতে
ওঠে ,আর কৃষকের মন ভ'রে গানে গানে!!

বিশাল জলাশয়ে কত শত প্রজাতিরমাছ থাকে বাস করে তারা
একসনে,দেখিনাতো কই তোলপাড় করে মেতে গেছে রণে?

ঈশ্বরের শ্রেষ্ঠ জীব মানুষ যাদের নাম,সৃষ্টির শুরু থেকেই যুদ্ধ
করে ঝরাচ্ছে কাল ঘাম।

দেশ দখলের জন্য নিত্য চালাচ্ছে অভিযান ,

পাশে তার এসে দাঁড়ালো করোনা,

নাই আর ব্যাবধান।

৮১) বর্ধমানের বিখ্যাত ডাক্তার

বর্ধমানের বিখ্যাত ডাক্তার শৈলেন্দ্র নাথ মুখোপাধ্যায়আমাদের বড় আব্বা বদরে আলাম বর্ধমানরাজার উকিল সেই মামাদের সহপাঠি ও বন্ধু ছিলেন।মামার বাড়ির সামনেই মামাদের এক বিশাল ফুডবলপ্লেগ্রাউন্ড ছিল সখানে মামাদের সাথে ফুডবল খেলাকরতেন আমাদের মামার বাড়ির সকলকে ফ্রিতেচিকিসা করতেন। আমারো সৌভাগ্য হয়ে ছিল তাঁরকাছে চিকিৎসা করার। উনি খুব যত্ন সহকারে আমায় দেখতেন আর একটু মজা করতেও ছাড়তেননা। বলতেন আইতো একটু কাছে সরে। দেখি গলায়তোর কাসি কেন? দেখি গলায় চামচটা গোটা ভরেদিয়ে, আমি খুব ছোট বুঝতাম না হাসি তামাশারকিছুই। ভয়ে আমি থরহোরী কম্পা ।মেমারীর আজাপুর গ্রামের ডাক্তার নরেন বাদল বাবুডাক্তার আমাদের গৃহ চিকিৎসক ছিলেন।

পিচের রাস্তা এতটা উন্নত ছিল না,গরু গাড়ী করে মেঠো রাস্তাধরে যেত হত। এত ভীড় হতো রোগীর যে ডাক্তারবাবুখাবার অবকাশ পেতেন না। তাঁর ছোট ময়ে চামচেকরে খাইয়ে দিয়ে যেত। রোগী দেখতে দেখতে সন্ধ্যাগড়িয়ে যেত।আমি ছোট। মা কোলে করে নিয়ে গেলেইনৈ বছর বয়স্ক ঐ ডাক্তার বাবু আগেই মায়েরপায়ে হাত দিয়ে প্রণাম করতেন ,মা থতমত খেয়েবলতেন আপনি আমার গুরুজন পায়ে হাত দিয়েআমাকে অপরাধী করবেন না। উত্তরে ডাক্তারবাবুবলতেন সে কি মা? আপনি হচ্ছেন আমাদের জমিদার গিন্নী। আপনাকে নমস্কার করলে আপনিঅপরাধী

হবেন কেন?

তাঁর সারা গ্রামের গরীবদেরবিনাপয়সায় চিকিৎসা করতেন এটাই তিন ডক্তারডাক্তারি পড়ার সময় ওৎ করে ছিলেন। তিন ডাক্তারবলতে এর সঙ্গে বিখ্যাত ভাক্তার বিধান রায়কেবলছি।উনি ছিলেন লেডি ব্রাবণ কলেজের সুপারভাইসার ও প্রেসিডেন্ট। আমার বড় দিদি সিরাজুম্মিনির ঐ কলেজে বি,এড এর ছাত্রী ,ডাক্তার বাবুছাত্রীদের ফুলের বাগান ঘুরে ঘুরে উপদেশ দিচ্ছেন।বাগানে মালী না রেখে ছাত্রীরা যেন নিজেরাই গাছেজল দেবে ও বাগানের পরিচর্জা করবে!!সেই আমার ছোটবেলায় বিধান রায়কে দেখারসৌভাগ্য বলতে পারা যায় ।

৮২) বিভেদ ভোলো মাথা তোল

০৬/০৯/২০২০

দীঘিজলে লাল নীল সাদা পদ্মফুলে,

ভ্রমর গুণগুণিয়ে মৌমাছিরা,

রাত্রি হলে জোনাকি জ্বলে ঘরের কোণে

কোণে দিনে উধাও হয় ওরা।

দিনের আকাশ শুধুই নীল উধাও চাঁদতারা

পুকুর জলে মাছ খেলে ডুবেও বেঁচে থাকে তারা!

মানুষ আমরা ডুবলে জলে উঠব ভেসে মরা?

এত বুদ্ধি ধর তুমি, দাওনা দৃষ্টিতে মোদের কভু ধরা, তোমার সৃষ্টি দিয়েই বুঝিয়ে দাও উপস্থিতির সাড়া!জানিয়ে দাও ভালো করেই তোমা ছাড়া নাই যে গতি। বিজ্ঞানী, ডাক্তার, ইঞ্জিনিয়ার, বুদ্ধি দিয়ে গড়লে তুমি নিজের হাতে, পৃথিবী আরো সুন্দর ভাবে দীর্ঘদিন স্থায়ী হয়ে টিকে থাকে যাতে ।

শতকোটি প্রাণ বাঁচিয়ে তাঁরা নিজেই গেলেন মারা?

এ যে কেমন বিধান তোমার, যায় না অসম্ভব যে,ধরা!

কেমন তুমি, কত বিশাল ,কোথায় তুমি থাকো?

কে গড়লো তোমায় এমন করে কিছুই বুঝি নাকো!!

৮৩) আমি রবো আর কত

৩১/০৭/২০২১

আমি রবো আর কতোদিন,

হয়ে একা সঙ্গীবিহীন?

আমি রবো প্রফুল্ল চিতে,

যদি পারো ঠাঁই দিতে,

হে সর্বশক্তিমান!!

আর কিছু নাহি চাহি,

তব কাছে হে মহিয়ান!!

 দিন দিন হচ্ছি ক্ষীণ,

শক্তি সব হচ্ছে হীন!!

সবে করে তাচ্ছিল্য, ঘীনঘীন।

 হারিয়ে গেছে মম মনোবীণ,

আর কতো আর কতো দিন,

থাকবো বেঁচে এই ভাবে হীন?

 ছিলাম যখন কর্মক্ষম ,

করেছি বিপুল পরিশ্রম ।

আজ মনে হয় হয়েছি নরাধম ,

নিজের কাছে নিজেই অধম!!

দয়ার দরজাখানি দাও দয়া করি খুলি,

নাও অনুগ্রহ করে তব কাছে, তুলি!!

জমা রেখো যেটুকু ভাল কাজ করেছি,

নিজ কর্মদক্ষতায় যা এতদিন পেরেছি!!

ধন্য, ধন্য ,ধন্য,ধন্যবাদ আল্লাহ তোমায় ,

তুমি ছাড়া কে আছেন আমাদের,

জীবণে মরণে এমন সহায়?

৮৪) বনে বসবাস কারি

১৯/০৭/২০২১

বনে জঙ্গলে বসবাস করার কালে,বনে গেলেই সাপ তুমি আমায় কামড়ালে?তুমি নিজেই জানো না এতে ক'রে তুমি নিজেই তো মৃত্যুর ফাঁদে কখন নিজেকে জড়ালে!তোমার অজান্তে,ইঁটতো ছুঁড়লে পাটকেল তোমাকে খেতেই হবে এর বিপরীতে সুব্যবহার কোথা থেকে তুমি পাবে?সেই জন্যই সুমার্জিত ব্যবহার ছোটো থেকেই রপ্ত তুমি করো জীবনযুদ্ধে তবেই একদিন তুমি নিশ্চয় জয়ী হতে পারো!মানুষ চেনার আগে সবাই মানুষের ব্যবহারটাকেই দ্যাখে বাঘের মতো হিংস্র জানোয়ারের কাছে তুমি পাবে সুব্যবহার দিতে পারো যদি তাকে উপযুক্ত ট্রেনিং খানি তুমি তোমার! আমার এক রাজবংশের আত্মীয়া নানা প্রজাতির পাখির সঙ্গে সাঁওতাল শিকারীর থেকে টাকা দিয়ে কিনে পুষে ছিলেন কচ্চি সুন্দর এক বাঘের ছোট্ট বাচ্চা! আত্মীয়র সাথে যে সব ছেলে আসতো লাগতো সেই বাচ্চার খেলা সাচ্চা! ক্রমশঃ বাঘের বাচ্চা বড় হয়ে কুকুরের সাইজে হয়,বড় হয়ে সেই বাঘের বাচ্চা সারা দিন খাঁচায় বন্দী রয়। একবার কোন বিয়ের ব্যাপারে বহু আত্মীয়দের সমাগমবাচ্ছাছেলেরা ছাদের উপর বাঘের বাচ্চাকে মাথায় কিল চড় ঘুষি মারেই হরদম!তাই বাচ্ছাটার অসহ্য মনে হয়,খাঁচার ভিতর থেকে থাবা দিয়েএকটি ছেলের হাত কামড়ে ধরে।তাই নিয়ে শোরগোল পড়ে যায়, সারা বাড়ি হৈচে করে মরে!মায়ের বড় ফুপাজান কোলকাতার নামজাদা নামি এক বড়ো মেয়র,তাঁর বাড়িতেই এই বেআইনি কাজ! লজ্জায় মরেন তাঁকে জেলে যেতে হবে সিয়োর।ফুপু এসে প্রাণপ্রিয় বাঘছানার

মাথায় কিলায়,ছাড় ছাড় শিল্গির হতোছাড়া ব'লে!মানুষেরই মতো তাড়াতাড়ি হাত ছেড়ে দিয়ে লজ্জায় মেঝেতে শুয়ে প'ড়ে ঢলে!অত নামিদামি মানুষ হলেও জেলে যাবার আইন আছেতাই,যতো শীঘ্‌ রপারলো চিড়িয়াখানায় স্থানান্তরিত বাঘ বাচ্ছাটা হলো!দুঃখিত ফুফু তাই প্রতিদিনই চিড়িয়াখানার খাঁচার পাশে-পাশাপাশি শুয়ে ঘণ্টাখানেক সঙ্গে খাবার নিয়ে হাত বুলাতেন মাথাই এসে!শখের তাঁর শেষ ছিলনা,একটি ছিল পোষা কাকাতুয়া,বৈঠকখানায় অতিথি এলেই,বলতো -কে ডাকে ? আসুন বসুন!তাকে জিজ্ঞেস করলে - তোমার নাম কি?গম্ভীর স্বরে বোলতো -কাকাতুয়া!! বলো তুমি কি আজব, অদ্ভুত এই দুনিয়া?পাখি আবার মানুষের মতো কথা বলে!অবাক লাগে নিজের কানে এসব কথা শুনিয়া!

৮৫) ভারত আমার ভারতবর্ষ

ভারত আমার ভারতবর্ষ তুমি হলে চন্দ্রকণা!

তোমার বুকে জমা এত গুণ,

যাবে না কভু কখনো গোনা!!

 তোমার দেশে এত গুণী জন,

চাইলেও কোন দেশ আর পাবেনা!

এতো মধু আছে এই দেশেতে,

সোনার বাংলা তারই নমুনা!

সোনার বাংলা সোনাই বটে,

নাইকো তার কোন তুলনা!

 বুক ভরা মধু যেন আছে যাদু,

বাংলা দেশের ফল পাকা আম-কমলা,

আপেল,বেদানা আঙ্গুর,যতই বল ভালো,

আমার কাছে নাই তাদের কোন দাম।

গরীব, দুখীরা, পরের বাগানে কুড়িয়ে

সেই আম খেয়ে ক্ষুধা নিবারণ করে।

সেই আম বিক্রী করে লাগাই সংসারে।

এই ভারত ভূমি লক্ষ কোটি

 জনতার দেশ-জনতারা সুখেই জীবন কাটিয়ে,

সুখেই আছে তারা এখানে বেশ।

বেশ !!বেশ !!বেশ!!বেশ!!

৮৬) বনের বিড়াল বনেই ভালো

বনের বিড়াল বনেই ভালো ঘরে এলেই বিপদ।

একটু আশ্রয় দাও মোরে, ভেবো নাকো আপদ!!

ঘরের কিছুর সঙ্গে, নাই পরিচয় মিথ্যা আশা করা,

সব কিছুতেই শেয়ার করে, সবার দুঃখ মোচন করা!!

ঘরের চেনা বেড়ালের নাই, কোন কাজের পরিসীমা,

ঘরের লোকে কাজে তৃপ্ত হয়ে, বলে আয় এবার ঘুমা।এই দুটির মধ্যে তফাৎ হলো, অভিজ্ঞতার কিছু অভাব,তার সঙ্গে বিপদ আরোও বিরুদ্ধ,

প্রতিক্রিয়ার প্রভাব।বোনবেড়ালে স্বভাব,

চরিত্র পাল্টান কি সহজকথা হবে,সারা দেশে থাকার তোমার নাই কোন অভাব যবে।

দেখতে তুমি খুবই সুন্দর সেই একই ঈশ্বরেরই সৃষ্টি,

বাঘের মতো ডোরাকাটা চোখের চাউনিটাও মিস্টি।

এই ছোট দেশে আধিপত্য বিস্তার করার লাগি,

কেন বৃথা চেষ্টা করছো দিবা রাত্রি অকারণে জাগি?ভালো ভাবে বাঁচতে গেলে সবার ভালো চাও,

নিজে ভালো থাকো আর সবাইকে বাঁচাও !!

৮৭) ভবিষ্যতে দেশের কি পরিণাম হতে চলেছে?

১০/০৭/২০২১

বংশগত ভাবে মা ও বাপের কুলে

তালুকদার ও জমিদার

বর্ধমান রাজার উকিল পুতনীর

মেয়ের কনিষ্ঠ সদস্যা হয়েও,

ট্রাম, ট্রেন, বাস ছেড়ে বিছানে

আজ আস্তানা, আমি নিয়েছি গেড়ে।

গোগ্রাসে দুটি নাকে মুখে গুঁজে,

ছুটেছি মাইলকে মাইল ধরতে গাড়ি

আজ সেই পুরোনো স্মৃতি মনে পড়ে!!

ট্রেনের চেকার,বাস কন্ডাক্টরের ভয়ে

মানুষ কাঁপে আজ থরো থরো!!

কিন্তু আমাদের যুগে পেয়েছি খোঁজ,

তাঁরা যে কত মহৎ, অন্তর তাঁদের কত

যে মহান, ও তাঁরা কতো যে বড়ো।

আজ তাই তিনতলা ফ্ল্যাটে একা একা বসে   দূর
জঙ্গলের আড়ালে ভেসে আসা গাড়ি

ও বাস চলাচলের নিরন্তর শব্দ,

বৃদ্ধাবয়সে মনটাকে মোর করে,

বড়ই উতলা বড়ই করে জব্দ।

জানালায় বসে বৌকথা কও পাখি,

যখন বলে ভাবনা তোমার এত কিঁউ?

সঙ্গী যদি না পাও আমার গায়ে ও শরীরে,

তোমার হাতটা যত্ন সহকারে বুলিয়ে দিও।   শালিক
এসে জানালায় বসে বলে তুমি ,

এখন বসে একা কি করছো ? কি করছো?
আমরা কতো আনন্দে ,করছি ডাকা ডাকি !

তুমি একেবারে শুনেও শুনতে পাচ্ছোনা কি?
আমি বলি হায়!এতে কি আমার আশা মিটে

সারাটি জীবন বাল্যকালে তোমাদের সাথে

কত যে খেলা করেছি শুধু ছুটে আর ছুটে!!
আজ বিছানায় বসে চোখে পাখি ছাড়া,

মোর চোখে আর সুন্দর কিছু নাহি জুটে।

বউ কথা কও পাখি এসে শুধাবে আমাকে,

হ্যাঁগো তুমি কি ?এ বাড়ির নূতন বৌ নাকি?

কিছু না হলেও কথাতো বলো ডাকি!!

আমি বলি হায়!সবিইতো ফেলেছি হারিয়ে,

আমার বলে আর তো বলার কিছুই নাই বাকি!
কোথা গেলো সেই পুকুরে জলের ধারে ধারে.

ডাউক পাখিদের আনন্দের ডাক বারে বারে,

তারাও কি করণা রোগে আক্রান্ত? নাই কলরব?
উধাও হয়েছে তারা। তাদের শুন্য বাসা সব!!
মাঝেমাঝে.তাদের আর ছাতারের ডাকাডাকি,

শুনলে ছুটে যায় ফ্ল্যাটের পাশের জানালায়।

কিন্তু হায় ওরা সব সঙ্গে সঙ্গে উড়ে পালায়,

সকলে শুনিয়ে বলে ছোঁব না তোমায়,পণ করেছি!!
তোমাদের সবাইকে ডাঁওকাঠি আড়ি ছিছি!!

বনের যতো মশা মাছি তো গায়েব করেছো,

মশা মারা ঔষধ স্প্রে করে তাদের গায়ে।

কিন্তু করোণার নুতন ভাইরাসতো যতো,

ভেসে আসছে সুদূর আকাশ হতে ধেয়ে!!

৮৮) মর্মান্তিক পরিণতি

১৪/০৪/২০২১

ছোট বেলার স্মৃতি আমার বাগানের পোড়ো এক আম গাছের শিকড়েরনীচে গর্তে বাস করা, শিয়ালের কুচ্চি তিনটি বাচ্চাকে আনলাম ধরে রাখলাম তাদের মাটির গোয়াল ঘরেতেমহা খুশি হয়ে তিনটিকে চামোচে করে দুধ খাওয়াতাম ভয় হতো ফের চিন্তা করে মরে যায় যদি ওরা এখন আমার মৃত্যুর পর যাবো নাতো আমি আল্লার দোজখে?

কিছুদিন পর মা দিলেন বকুনি, ওর মাকে ফিরিয়ে দেগা এখুনি!ওদের নিয়ে সব সময় ব্যস্ত না যেন দেখি আর তোকে। মায়ের আদেশে ফিরিয়ে দিয়ে এলাম বাচ্চা গুলোকে। কুকুর ডাকে ঘেউঘেউ,শিয়াল ডাকে ফেউফেউ ভুল ওকে। এই ডাক শুনে পাড়ার কতক গুলি সাঁওতাল ছেলে মিলেও আমাদের মুরগী হাঁস খাইয়ে দেবে,ফিরিয়ে তাই দিলেএই না বলে গর্ত থেকে একে একে সবকে মেরে ফেলে।

এরা কি শুধুই গায়ে মানুষের চামড়া লাগানো মানুষ?

নিজের ছেলের সুখের জন্য কত কিছুইনা তোরা করিস।

৮৯) ভালো মন্দ

০২/০২/২০

কাঁচায় কুল বেজায় টক পাকলে ভারি মিষ্টি,

খেলে সবার হাসি মুখ বেজায় যেন তুষ্টি!

কাঁচায় আম ভারি টক পাকলে খুবই মিষ্টি,

ভাবি বসে মোর বিধাতার একি অপরূপ সৃষ্টি!

খেয়ে সবে বলে আহা আহা যেন খেলাম অমৃত,

এমনি ধারা খেলে পরে শরীর হবে আদৃত।

ভালো কথায় সবাই ভালো, মন্দ কথায় গাল,

ভলো মন্দে ভরি দ্বন্দ্ব সমাজ হলো জঞ্জাল।

আমায় যারে লাগবে ভালো, বাসবো তারে ভলো,সাদা রং তোমার কাছে,

হয় যদি হোক কালো।

৯০) মা ও মন

যে সন্তান মা থাকতে করে না

তার মায়ের কদর-সমাজে নাই

কোন তার ঠাই বা আদর।

নিজ দম্ভে ও অহংকারে মরে সারাক্ষণ।

নিজ যোগ্যতা থাকুক বা না থাকুক নিজেই মরে

নিজের ব্যর্থ অহংকারে নিজেকেই আরো ছোটকরে।

মা কথা মধুর বড় সুধার সমান মা বলে

 ডাকলে পরে জুড়ায় পরান।

মাতৃজাতি হলো ঈশ্বরের উৎকৃষ্ঠ দান।

তিনি নিজহাতে গড়েছেন দিয়ে বিপুল সম্মান।

তিনি ধরিত্রী তিনি মাতৃত্বের বিপুল আগার তারতূল্য মাতৃস্নেহ চিন্তা করা ভার।সেই তিনি নিজ অংশের পরমাণুর কণার চেয়েছোট অংশ দিয়ে-গড়িলেন মাতৃজাতি সর্বস্তরে সর্বজীবে নিপুণতাসহকারে।

সারা পৃথিবী আজ বিপুল সন্তারে জগৎকে রেখেছেসজ্জিত ও মুখরিত করে।

কি আত্মসন্তুষ্টি নিয়ে বিরাজিছেন তিনি বুঝিবারেচাও?দেখ তবে চোখ মেলে যত দূরে তাঁর সৃষ্টিকে যতদূর তাকাও।

৯১) মাতৃত্বের বন্ধন

২১/০৯/২১

মাতৃত্বের কি বন্ধনে যে জড়ালে আমায়

মৃত মায়ের পিণ্ডি দিতে এসে আমার এই

সোনার বাংলায়!! ব্যারাকপুরের বাড়িতে

সাথে নিয়ে আমার জন্য উত্তরীয় আর

স্বরচিত মায়ার বাঁধন বই খানি হাতে দিয়ে

মেয়ের জন্য মুল্যবান স্বর্ণপদক আর উত্তরীয়, বাকি
সদস্যদের জন্য মুল্যবান উত্তরীয়

বুকে জড়িয়ে দিলে, এ কি মায়ার বন্ধনে বন্ধু !!

যখন ধর্ম ও দেশ ভাগাভাগি নিয়ে এতো টানা

পোড়েন এতো হানাহানি তখন এ কি নূতন স্বর্গ

লোকের ছবি সামনে আনলে ঈশ্বর তুমি!!

সুদুর আসাম থেকে দেশ ভ্রমণে বেরিয়ে নীহার রঞ্জন দেবনাথ, জাতি ধর্মের সকল আঁধার ঘুঁচিয়ে, রেশমীকে যে স্বর্ণ পদক ও সম্মান পত্রটাপুরস্কার দিয়ে গেলেন তা ইতিহাসের পাতায় একনজীর বিহীন ঘটনা হয়ে জ্বলজ্বল করে জ্বলবেচিরদিন ব্যারাকপুরের বাড়িতে। ওর কবিতা ও কাব্যিক গুণের উপহার স্বরূপ।

হাজারো ধনবাদ বাবা নীহার রঞ্জন দেবনাথ বাবু মশাই আপনাকে।

দীর্ঘজীবী হবেন ঈশ্বরের কৃপায়!

৯২) **কালজয়ী**

২৩/০৯/২০২১

কালজয়ী বার্ধক্য তুমি চিরকাল জয়ী হয়েই থাকবে?

সব শক্তির অবসান ঘটিয়ে তুমি একাইমাথা তুলে রাখবে!!

একদিন যে ছিল ছোটবেলা থেকেই সব কাজে বাঘা যতীন ও পারদর্শী, সাতের কোঠায় পা দিতে না দিতেইতুমি হলে তার প্রতিহিংসী?

একের পর এক বিধ্বংসি রোগাক্রমনেশেষ পর্যন্ত বিছানায় ফেলে দিলে এনে!!

অত সহজেই হার মানবো না,

সে যে একঅপরাজেও অজাৎ শক্র মেয়ে।

যুদ্ধ করতে করতে তার সঙ্গে তুমি ক্লান্ত কাতর হয়ে, ঘেমে যাবে নেয়ে!

বংশ যার মোঘল যুগের শ্রেষ্ঠ সৈয়দ বংশে ।

সবটাই যেনে রাখো আল্লাহর প্রিয় পাত্র নবীর বংশে!সৈয়দ মহাম্মদ নবীজীর সৃষ্টির অতুলনীয় সৃষ্টিরিই অংশে। প্রিয় আল্লাহ ও তার প্রিয় নবীর আমি কউর একবংশধর ও আমি ভক্ত।

মনটাও তাই বেজায় রকম আমার দৃঢ় ও বেজায় রকম শক্ত।

আমি সারা জীবনে ভাঙ্গি তবু কখনো মচকাতে জানি না আমার গর্ভে জন্ম নিয়েছে তাই দুই গুণী রত্নকন্যা।

এক জন পিতৃপুরুষ বিখ্যাত ফুটবল প্লেয়ার সৈয়দ আবদুস্ সামাদ।

ছোট মেয়ে সামিমা সলতানা ছোটো থেকেই ছিল পাক্কা এক প্লেয়ার,যেন একে বারেই পাক্কা ওস্তাদ সামাদ।

 বড় হলো রাফিয়া সুলতানা নিলো মায়ের কুলের বংশধরের ছবি।সুবিখ্যাত কবি সবার অতি পরিচিত ও প্রিয় কাজী নজরুল কবি।

রাফিয়া সুলতানার শত শত পদ্য সহ গল্পের বই হচ্ছে ছাপা।শত শত মেডেল ছাড়াও এবারপেল অতি মূল্যবান এক স্বর্ণ মেডেল।

তাছাড়াও তার বইয়ের প্রাইজে প্রাইজে,

বুক শেল্ফ বইয়ের সারিতে সারিতে তাই পড়েছে যেন একে বারে চাপা।

বিয়ের পর মেয়েদের সংসারের চাপে খেলাধূলা সব বিধাতায় দেয় সঁপে।

সামিমা সুলতানা তাই সংসারেরকাজে পড়েছে একেবারে ঝেঁপে। শত বাধা বিপত্তি অতিক্রম করে।রাফিয়া সুলতানা উঠতে পেরেছে সুনামেরপর্বত চূড়ায়! আল্লাহ বা ঈশ্বরের রশি ধরে!!আমিন, আমিন, আমিন!!

৯৩) **মানুষের মত বাঁচো**

আমরা যখন জন্ম নিয়েছি মানুষের মতো মানুষ হয়ে,এক
দিনতো মরবোই।

 তোমরা যত সব অমানুষের দল পরস্পরে মারামারিদাঙ্গা
ফাসাদ করো, আর বাছো শুধুই খৈ। হিংস্র প্রাণীর সঙ্গে
প্রভেদটা কোথা বল?

দিবারাত্রি অকারণে চেঁচাও খালি অকারণেরেশারেশি আর যত
করে ছল।

 এত দাবানল জ্বেলে কি হলো বলসবতো ঘেঁটে হলো গো ঘাঁটা
আর জল।

 দলাদলি, নোংরামি ছেড়ে প্রস্তুত হও সবেভবিষ্যৎ প্রজন্মকে কি
ভাবে বাঁচাবে।

দেশকে বাসলে ভালো দশের চিন্তা করো আগে,দশকে বাঁচালে
দেশ প্রীতি আপনি থেকে জাগে।

 কবে হবে এই শুভবুদ্ধির উদয় মানুষের,

কবেই হবে প্রভেদটা এই অজ্ঞ পশুদের?

ছোটতে দেখেছি দুইটি ষাঁড়ের বর্ধমানে লড়াইকার্জেন গেট
থেকে সোজা রাজবাড়ী রোড ধরে।

দোকান পাট বন্ধ করে যত দোকানদার ছুড়েবালতি বালতি
জল ঢালে ষাঁড়ের মাথার পরে।

আর তোমরা যখন দুই দল মিলে যুদ্ধে যাও মেতে

পুলিশ তখন নির্বিচারেগুলি চালায় নির্দোষদের মাথেওরে
ধান্দাবাজ, মমতাময়ী মাকে বাদে ,

পিতা বাবাজী মোর ধান্দাবাজি সব ছেড়ে ছুড়ে,

দেখনা একবার করোণা মহামারীর সঙ্গে জোট বেঁধেলড়াই
লড়াই লড়ে।

দেখানা কেরদানি খানি হিংস্র করণার সঙ্গে লড়েমানুষ যাতে
ওর থেকে পরিত্রাণ পেয়ে বাঁচে প্রাণভরে!!

৯৪) ভাষাগত ঘনিষ্ঠতা

লিলা আর খেলা

বই আর মেলা

খেলা আর ধূলা

বৌ আর দুলা

দুধ আর কলা

সাবধান আর চলা

বোনাই আর শালা

কলা আর ভেলা

মিছে কথা বলা

কুমড়ো আর লাও

ভাত আর জাও

আশা আর ভাষা

কচি আর শশা

সর্ব আর নাশা

হাল আর চষা

উঠা আর বসা

হাঁসি আর কাঁদা

শ্রী আর রাধা

বেণী আর বাঁধা

গলা আর সাধা

ধূপ আর ধূণো

পোষা আর বুনো

রাখাল আর বাগাল

বড় লোক আর কাঁগাল

বাঙ্গালী আর বাঙ্গাল

 বাগান আর জঙ্গল

শিয়াল আর কুকুর বাঁশ আর,

মুগুরসাপ আর

 নেউলবড়ো লোক আর

দেউল নন্দী গ্রাম আর সিঙ্গূর

ভাঙ্গড় আর বেগুর,

মদ আর মাতাল

ভয়ংকর দাতাল

আকাশ আর পাতাল

মস্তো বড় চাতাল

মরাই আর তলা

ধানের গোলা

নাড়ী আর ভুঁড়ি

পিঠে শুড়শু ড়িতরি

তরকারিখুব উপকারি

বাঁশ আর কঞ্চি

সভা ও সতো রঞ্চি

আজ হলাম হয়রান

তোমার হলো জয় গান

আজ তবে, চলিক

তো, আর বলি।

৯৫) মুক্তদানার যতই মূল্য হোক

মুক্তদানার যতই মূল্য হোক সেতো সুধু একটা মুক্ত সন্তান তব গুণের পাহাড় আকাশ,

বাতাস সম উন্মুক্ত।

শান্তিতে দেশ চালাবার মিথ্যে প্রতিশ্রুতি সব দিয়ে শত শত পার্টি জন্ম নিল সোনার পৃথিবীকে দিল খুইয়েতার সাথে সাথে অজস্র মাতার বুক,

কোল হলো খালিঈশ্বর তাই বুঝি পাঠালেন করণা,

করতেশুধু ধুধুবালিধন সম্পদ বাড়ি গাড়ি ও বিপুল অর্থ বৈভব সম্ভারসদা প্রতিকুল যেন ধর্মের ও সদা প্রতিকূল মানবতার আমার চক্ষে ধনী দরিদ্রের কোন ভেদাভেদ নাই এক ঈশ্বর যা ইচ্ছা করেন,তখন করেন যা তিনি চাইতিনি বানান বাদশাহ আবার তাঁরি ইচ্ছায় ফকিরইতিহাসে তার আছে প্রমাণ আছে শতাধিক নজিরজীবনের চলার ভঙ্গি পাল্টে ফেল্লে জীবন যাবে উল্টেসবার কথা চিন্তা করে নিজের গোঁকে ফেলো পাল্টে মানুষ আবার গরু নাকি লাঠি হাতে পুলিশ করে তাড়াবিনা পয়সায় মাস্ক পাওয়া যায় দিতে হয় নাকো ভাড়াকোলকাতার নামী মার্কেটে বিনা মাস্কে দাঁতবার করেগলায় ঝুলিয়ে মাস্কখানি ঘুরছে হেসে হেসে হাহা করে।উন্নত পৃথিবীর উন্নত ইতিহাসে লজ্জায় যায় মরেএই গর্ধব নিয়ে এদের সাথে জীবন কাটাবো কি করেমাথামোটা গর্ধব ছাত্রকে কি শিক্ষক মানুষ করতে পারেপড়ালেখা ছেড়ে তারা সহজ কাজ চাষ আবাদ করে।

৯৬) যুদ্ধই তো খেলা

০৯/০৮/২০২১

আমি হলাম বাঘের বাচ্ছা সাচ্চা মস্ত এক বাঘ বাচ্ছা

তুমি হলে শিয়ালের,

বাচ্ছা শিয়াল আমার ভয়ে আমায় তুমি রুখবে দিয়ে উচ্চ এক, পাহাড়, প্রমাণ দেয়াল?

 মোঘল যুগের পড়ো নাই, কি, বীর যোদ্ধা রুখে দাঁড়ায় কাঁধে চড়া লড়াকু,সেই মদ্দাবাঘের গলায়,

ঢুকিয়ে পুরো,ধরা বাহু খান কেমন করে বাঘটিকে, লুটিয়ে খাবি খাওয়ান!বাহাদুরী রাখ বাহাদুরীর ঘরে বাদুড় ঝোলা করেনইলে তুমি অকালে জানটি তোমার খোযাবে,

বেঘোরেমরার আগে যাস তো মরে লাখো বার তুই ওরে!!

হারিয়ে দুনিয়ার মাটি সর্বশান্ত হয়ে বাঙলাই ফলাবি

বাঙ্গালীপনা ফলাতে তাই বুঝি এলি আশা গুলি তুলবি!

৯৭) মূল্যবান মতামত

শোনো শোনে ওগো সব জ্ঞানী ও গুণীজন

জানাই কথা একটা আমার অতি মূল্যবান ।

এ কথা শুধু আমার কথা নয়।

কহেন ডাক্তারবাবুরা, মানুষেরাই এর ভাগি ।

খাদ্য খায় মানুষ একমাত্র বাঁচার তাগিদ লাগি।

খাবার প্রবেশ করে মানুষের- দিয়ে কণ্ঠনালী গলার আবার বাহির হয় সে মানুষের দিয়ে মলদার ।

জীবনে মানুষের এই দুটির সম প্রয়োজন ,

সুস্থ করে বাঁচিয়ে রাখতে আমাদের এ জীবন ।বয়সকালে বেঁচে থাকাটাই হয় বড় বিড়ম্বনা ,

এর থেকে ভালো হতো ,যদি থাকতো মৃত্যুর সম্ভাবনা। বড়মাছ আর যত রকম মাংস করবে তোমায় ধ্বংস কুচোমাছ, ক্যালশিয়াম যুক্ত সব্জী ডাক্তারে পরামর্শ। এমন কিছু খাওয়া উচিত হবে না যা করে শক্ত,গোল পায়খানা দ্বার এতে করে পাকায় মস্ত্য বড় গণ্ডগোল ।ফল খাওয়া খুবই প্রয়োজন, দুধ নয়। খেও টকদই ।ডাক্তারবাবুকে শুধালাম দয়েতে যদি মধু মিশায় ?

উত্তরে ডাক্তার বাবু মিষ্টি হেসে কহেন মধু কি মিষ্ট নয়?এর উত্তর মাথায় এলো না ভেবে -মধুতো হয় ফুলের তবে এর সাথে

যদি ভেজাল দেয় গুড়!

কাজ মানুষের যত বিপদের ধান্দা করে তো এই মানুষ মহাশয়রাই।

রক্ত পানি করে খেটে বাঁচিয়ে তোলে ফের মানুষেরাই।

৯৮) যশ

তোমার যশে মুগ্ধ পৃথিবী,

এই বসুন্ধরা অনেক হয়েছে ভাগো এবার তুমি যাও। আর বেশী
দিন যশের আশায় থেকো না বসে

থাকলে হারাবে সব সম্মান সুন্দর এই ধরাই শেষে আল্লার কাছে
প্রতিজ্ঞাবদ্ধ হয়ে এসে ছিলে

তাঁর সুন্দর দেশে তোমার যশ ছড়াবে বলে

যশেতো দূরেরকথা দুর্নামপেলে প্রণী জগতের কাছে

যশ ছেড়ে সবার সম্মুখে উলঙ্গ হয়ে গেলে!

ভাবতে পারছো তুমি কি অপরাধী সৃষ্টিকর্তার কাছে

সাজানো গোছানো সংসার তাঁর জলমগ্ন হয়ে গেছেডুবেছে গ্রাম
ডুবে ভেসে গেছে ক্ষেতের শষ্য যত

গ্রাম শহর ক্ষেত জলমগ্ন আজ নদী,

সমুদ্রের মতবন্যার জলে ভাসছে মরামানুষ,

সাথে যত জন্তুজানোয়ার চারিদিকে তাকিয়ে দেখো মৃত্যু মিছিল
শুধু হাহাকারএসেছো যখন যেতে তো হবেই একদিন না
একদিন চলেমরবে দুর্গত হত দরিদ্র মানুষের রোষানলে পুড়ে
জ্বলেকত শত দুর্যোগ এল ইতিহাস হয়ে রয়ে গেল যেন
ফেণীসৃষ্টির প্রথম থেকেই কত ইতিহাস জড়িয়ে আছে

এমনিএকের পর এক দুর্যোগ মোকাবিলায় বাংলা ছারখারএমতো অবস্থায় রাষ্ট্রনায়ক ঘুমায় নাকে তেল দিয়ে তারদুঃশাসনের নাম পড়িয়াছি ছোটোবেলা ইতিহাসেআবার এক দুঃশাসকের হাতে পড়লো কি দেশ এসেএকের পর এক দুর্যোগ মোকাবিলায় ক্লান্ত মমতাময়ী দশভুজা দুর্গা রূপে আশাকরি হবেন তিনি নিশ্চয় বিজয়ী!

৯৯) মেয়ে তো ছিলাম না, ছিলাম বড় যোদ্ধা"

১৮/০৭/২০২০

ঊনবিংশ সালের মাঝামাঝি জন্ম আমার,বিরাট যেন যোদ্ধা।জীবন ভোর যুদ্ধ ছিল আমার জীবন কাহিনী মোদ্যা।চোর ডাকাত সব দুরস্ত আমায় করতো ভয় স্বয়ংমৃত্যু দুতের শমন ।

উধাও হতো নাম শুনলেই মেয়ে ছিলাম এমন ।কতবার যে চোর ডাকাত ধরে ফেলেছি করতেপারে নাই চুরি ।আমার ভয়ে ফেলে পালিয়ে গেছে যত অস্ত্র সস্ত্রএমন কি ছোরা ছুরি ।

বিয়ের পর একই ইতিহাস ঘটলো জীবনে রাত্রি জেগেপড়ছি ইংলিস অনার্স থার্ড ইয়ার পরীক্ষার পড়াএমন সময় শব্দ হলো যেন আমার জানালারই কড়া।

চিৎকার করে ডাকি আমি ছোটো দেওরের নামধরেদেওর,শশুর শাশুড়ি দরজায় হ্যাসবল টানা আসবেকি করে ?

স্বামী আমার পাশেই ঘুমাচ্ছিল বেঘোরে, ডাকলেধড়মড়িয়ে উঠে ।দরজা খানি তাড়াহুড়ো করে খুলতে যায় ছুটে ।

বাধা দিয়ে হাতটা চেপে ধরে ,তারস্বরে চেঁচাতেথাকি চোর চোর বলে সঙ্গে সঙ্গে ব্যাটারা হয়ে গেল চিরতরে উধাও নিয়েসব দলবলে ।

পড়াশোনা ছোট থেকেই সংগ্রামের পথেই হেটেচালিয়েছি । বিঘ্ন শত এসে ছিল তোয়াক্কা না করেই ভাগিয়ে পড়াচালিয়েছি ।বীর

শিকারী সৈয়দ বংশে জন্ম আমার শিকারেতে নেশা, বলতে পারো পেশা ও আনন্দ চোদ্দো পুরুষে বাঘ মেরেছে শুনে শুনে তাদের ইতিহাস শিকারটা আমার কাছে কোন গুরুত্ব পেত নাঃশুধুই যেন ছিল মশকরাও পরিহাস।

আগে নাকি বাস করতো অনেক বাঘ এসে,অতিষ্ঠ করতো গ্রাম বাসীদের।তার পরে তো বাঘ ভাল্লুক টিকিট কেটে দেশান্তর হলো যায় নাতো দেখা ওদের।

বন্দুক আর রিভল্ভার আনলো মহা ত্রাস ছাড়তে হলো গ্রাম গঞ্জে মহাসুখে বাস।আমার বাল্যকালে আমার গ্রামে এসেছিল বাঘঃক্ষতি করে ছিল মানুষের গরুর এমন কি ছাগ।

একটু বড় হয়ে দেখলাম তাদের ইতিহাস চুকেচাকেহয়ে গেছে শেষ।কালিঘাটে চিড়িয়াখানায় স্থানান্তরিত হয়েছে দেখতাদের দেশ।

ছাত্রীজীবনে রেলের সাথে পাল্লাদিয়ে ছুটেছি ধরতে,তাদের সাথে,এই ভাবেতেই পড়াশোনার পাহাড় ডিঙ্গিয়ে চড়েছিলাম বিজয় রথে।

বড় বড় নামি দামি গুণিজনে দেখছেন মোরে স্নেহও সম্মানের চোখে।এত সংগ্রামী ছোটো থেকেই ছিলাম,শ্রদ্ধা স্নেহআমার জন্য তাঁরা দিতেন রেখে।

পাজী ও বকাটে ছেলেদের ও সে যুগে ছিল নাযেন অন্ত।কেমন করে মেয়েদের উত্যক্ত করতে হয় ভালোকরেই সেটা তারা জানতো।ট্রেনের টিকিট চেকার ব্যাপার দেখে ঘাড় ধরে পিটিয়েতাদের করতো ঠান্ডা।

জগৎপতি সমণী ডাক্তার,টি,টি দূর্গা বাবু এই সবনামি মানুষের সাহায্য পেয়েছি ছাত্রী জীবনে,স্মৃতির চোখে তাঁরা আজও অটুট আছেন যদিওতাঁরা কেউ জীবিত নেই চোখের সামনে।স্কুল

কলজে টিচারী করেছি যৎসামান্য বেতনেঅতি উৎসাহের সাথেই ।

এখন সেই পুরোনো স্মৃতি গুলোই শয়নে স্বপনেঘোরে কেবল মাথায় ।মনের মুকুরে গাঁথা আছে তারা, হটায় কাহার সাধ্যআমিও যে আমার প্রিয় আল্লাহর ছোট থেকেই বাধ্য ।পারি না ভুলিতে বয়স্ক সেই ইঁটেচুনা কলেজেরপ্রিন্সিপ্যাল গোপাল বাবুকে,পারি না ভুলিতে হেডমাস্টার মন্মথ ওয়াদেদারকে,পারি না ভুলিতেমাস্টার ধীরেন বাবুকে ,পারি না ভুলিতে মাস্টারকাকু খগেন চ্যাটার্জীকে,পারি না ভুলিতে স্নেহময়ীরেনুদিদি মনিকে বা বর্ধমান উইমেনস কলেজের প্রিন্সিপাল অনুপমাদিকে।আল্লাহতালা কি এতো স্বহৃদয় মানুষে ছেয়ে রেখেছেনএই দুনিয়াটাকে ?ফণী বাবু টিকিট চেকার রসুলপুর গ্রামে বাড়ি আমার গ্রাম থেকে মাইল দুয়েক হবে ।স্টিম ইঞ্জিনের গাড়ী প্রায় লেট করে রাত করেপৌঁছাতো রসুলপুরে।বৃদ্ধ টিকিট চেকার ফণী বাবু হ্যারিক্যান হাতেলাঠি নিয়ে পৌঁছে দিতেন ঘরে ।

১০০) অমর সাথি আমার প্রিয় মৃত্যু

৩১/০১/২০২১

একদিন হয়তো আমার ফুরিয়ে যাবে

জীবনখাতার পাতা।

লেখাযোখা চুকে গিয়ে পড়ে থাকবে অবশিষ্ট

কেবল ছেড়া অংশটুকু খাতা ।

থাকবে না আর পেনের কালি ঝরা,

বন্ধ হবে তারই সাথে আমার চোখের পাতা পড়া।

হয়তো তখন কিছু দিনের জন্য তোমার থাকবে

চোখের পানি পড়া।

তারপরেতে থাকবো পড়ে হয়ে সকল সম্পর্ক ছাড়া

কিছু দিনের জন্য কবর হয়ে থাকবে মাটির
উপরস্মৃতি।তারপরেতে ফুরিয়ে যাবে এ জগৎ এর প্রেমপ্রীতি।

গর্ত হয়ে পড়ে থাকবে দীর্ঘকাল ধরে।

ভরে থাকবে সাপ আর পোকা গর্ত করে।

১০১) মোতীর গোতি

২৭/০৭/২০২১

এই আমার হঠাৎ মনের যত গতি পাল্টালি কেনো ,আমার শুভ মতি।

চুপসে হলি, যেন আগুনে বেগুন পোড়া,বিছানে শুয়ে বোসে ,কেবল কাটাস সময়!!

পড়ে পড়ে, যেন ঠিক ঘাটের ম'ড়া?

গেল কোথায় তোর প্রতিদিনের লেখা।হাজারো হাজারো সেই মনের গড়া ছড়া?কে দিলো তোর "ছাই" সেই ভাতে বাড়া!! খেলি নাকি কোনো বুনো মোষের তাড়া? তোর কিসের জন্য এতো ভীতি ভাবনা,তুইতো উড়িস মেলে আপন কল্পনার ডানা?তোর জন্য খোলা ঈশ্বরের উন্মুক্ত আকাশ!!দেশে দেশে ঘুরে উড়ে বেড়া কাঁপিয়ে বাতাস,মন কি কারো থাকে, বিশেষ কৌটায় পোরা?মনের স্বভাবই হচ্ছে ডানা মেলে কেবল ওড়া। লিখতে থাকো খারাপ কাজের সমালোচনা করে,যাতে দিশাহারারা, তাদের যথাযথ শুধরাতে পারে!!

১০২) রমজান মাস

রমজান মাসের পয়লা তারিখে রমজান এলেন ,

মেহমান হয়ে প্রতি ঘরে ঘরে।

এক পা এক পা করে পৌঁছে গেলেন,

প্রতিটিই ঘরের দোরে দোরে।

মাসের শেষে নেমে গেলেন সাত তাড়াতাড়ি ,

লিস্টে চড়ে সরাসরি।

রেখে গেলেন দেশে দেশে খুশীর ঈদ ,ঈদ মোবারক হোক ঘরে ঘরে সব্বারি!!

কিন্তু ছাপ্পা ভোটে জিতে আছো করোনা তুমি ,

নাইকো তাতে লজ্জা ঘৃণা ভয়, তিন থাকতে নয়।

প্রবাদ বাক্যটি প্রচলিত আছে যুগে যুগে,

প্রবাদ কখনো শত শত বর্ষে পচে যাবার নয়।

বার্ড ফ্লু, টর্নেডো আমাফানযতো চলে গেল,

বিপুল হারে দুনিয়া জুড়ে গণহত্যা করে।

তেমনি করেই ইনশাল্লাহ করোনা তোকে,

পৃথিবীর বিজ্ঞানীরা দূর করবে ঝাঁটা মেরে!!

এসো মোরা প্রত্যেকে জাতিভেদ ভুলে ,

নিজ নিজ গৃহে বসে প্রার্থনা করি হাত তুলে ।

এক ঈশ্বরের কাছে বলি করজোড়ে,

যা অহমিকা প্রকাশিছি এবারের মতো ক্ষম মোরে!

ঈশ্বর বলো আল্লাই বলো যত রোষ তাঁর ঠিক তেমনই,দয়ার সাগর শাস্তি দেন তিনি,

ক্ষমা করেন ফের তিনিই।

১০৩) লড়াই তো জীবন

০৬/০২/২০২১

লড়াই, লড়াই ,লড়াই করো ,লড়াই তো জীবন ।

শরীরের অঙ্গ প্রতঙ্গ ,একই খেলা খেলছে অনুক্ষণ ।জীবন টিকিয়ে রাখা এ জগতে ভারি দুস্কর ।

মেয়েদের পক্ষে এটা আরোও বেশী ভয়ঙ্কর !!

তাই বলে কি মেয়েরা ভেবেছো থাকবে পিছিয়ে?

জলের স্রোতের মতো একেবারে চলছে দেখ এগিয়ে!!আকাশ থেকে পাতালে পৌঁছে গেছে এমন কিবিশ্বের বিভিন্ন দরবারে ছড়িয়ে ছিটিয়ে রয়েছি!!

টেক্সাস থেকে এশিয়া আমেরিকা মালয়েশিয়া ,

দেশে দেশে দেখ -রয়েছে কাজেতে মাতিয়া ।

১০৪) শিশু শিল্পী

০৭/০৮/২০২০

ছোট্ট বয়স থেকেই আমি ছবি আঁকতে পারতাম, তবে করতে যেতাম গরু হয়ে যেতো ইঁদুর।সবাই খুব মজা উপভোগ করত আমায় নিয়ে। এই ভাবেই আমার জীবনে ছবি আঁকা শুরু হয়। ভবিষ্যতে অনেক মর্যাদা পাই। পাঠশালা থেকে, স্কুল, কলেজ পর্যন্ত। ছেলের ড্রেস পরতাম, কিন্তু সহপাঠীরা লোক মুখে কোনো প্রকারে জানতে পারে ,আমি প্রকৃতপক্ষে মেয়ে, তাই আমায় কালী ঠাকুরের মূর্তীর কাছে নিয়ে গিয়ে বলতো সত্যি কথা বল, নাহলে মা শাপ দেবেন ।আমি ভয়ে খুব কাঁদতাম।বেটিয়া নামক এক রেলে পাথর সরানোর মজুরের মেয়ে ছিল ,সে বয়সে কিছু বড় হবে আমার চেয়ে, সে আমাকে মাতৃস্নেহে দেখতো। মাস্টার মশাইকে বলে দিত ,সেই থেকে উনি আমাকে প্রতিদিন নিজের কাছে বসাতেন। আর বলতেন এ হচ্ছে ,আমার জমিদার বাড়ির ছেলে একে কিছু বল্লে শাস্তি খাবি। আমি উনার পাশে বসে ছবি আঁকতাম , সেই থেকে শুরু আমার আঁকার ধুম। স্কুলে টিচার ধীরেন বাবু, হেডমাস্টার মন্মথ ওয়াদেদার মশাই আমাকে উপহারের ডালি সাজিয়ে দিতেন। পড়াশোনাতেও আমরা খুব ভালো ছিলাম। দিদিরাও পড়াশোনা গল্প লিখার জন্য প্রাইজ পেত ,আমিও বাদ যাইনি। সারাজীবন স্টাইপেন্ড দিয়ে আমাদের পড়া শোনার সুযোগ করে দিয়েছেন কলেজ লাইফ পর্যন্ত। তারা এখন আমাদের মাঝে নাই। ঈশ্বরের কাছে কায়মনোবাক্যে প্রার্থনা করি তারা যেন স্বর্গবাসী হন। আমি যখন বড় হয়ে রাজবাড়ীর মহিলা কলেজে ভর্তি হই, কলেজের প্রতিষ্ঠা দিবস উপলক্ষে

বর্ধমানের মহারাণী যার ওটা রাজ বাড়ি ছিল ,তিনি রাজবাড়ীর কিছুটা অংশ কলেজ কে দান করেন । সেই সম্মানে তাঁকেও আপ্যায়ন করা হয়। উনি তা রক্ষাও করে ছিলেন। আমি ছবি আঁকতে পটু ছিলাম বলে, প্রবেশ দ্বারের সামনেই যেলাল রঙের বিরাট প্যাসেজটা ছিল ,সেখানে বিশালএকটা আলপনা আঁকার গুরুদায়িত্ব দিলেন আমার উপর প্রিন্সিপ্যাল ।আমি তো মহাখুশী তাতে।রোজার মাস, উপবাস করেই ভোর পাঁচটার ট্রেন ধরে সাতটায় কলেজে পৌঁছে ,শুরু করে দিলাম আল্পনা আঁকার কাজ। মহারাণী পৌঁছালেন, কলেজে উৎসব আরম্ভ হয়ে গেল। মহারাণী ঢুকেই তো অবাক হয়ে প্রশ্ন করলেন এই আল্পনার শিল্পীটা কে।প্রিন্সিপ্যাল অনুপমা দি আমাকে তার কাছে নিয়ে গিয়ে পরিচয় করিয়ে দিলেন আর বল্লেন সুদূর রসুল পুর থেকে আড়াই মাইল, তিন মাইল হেঁটে ট্রেনে রোজ ডেলিপ্যাসেনঞ্জারী করে গ্রাম থেকে আসে আবার বর্ধমান ষ্টেশন থেকে দুই আড়াই মাইল হেঁটে কলেজে এসে পড়াশোনা করে। অনুপমাদি মহাখুশি হয়ে যে ফুলের মালা, এবং গোলাপ ফুলের তোড়া আমার হাতে দিয়ে মহারাণীর গলায় পরিয়ে দিতে বল্লেন। হাতে গোলাপফুলের সেই তোড়া নিয়ে, মহারাণী অত সুন্দর আল্পনা দেখে অভিভূত হয়ে পড়েন।সুন্দর আল্পনা আঁকা দেখে মুগ্ধ হয়ে মালাখানি আমার গলায় এবং তোড়া খানি আমার হাতে হাসিমুখে ধরিয়ে দিয়ে বল্লেন ,এ পাওয়ার যোগ্য এক মাত্র তুমি। সকলে আনন্দে হাত তালিদিয়ে উঠলো। আমার এই আনন্দ কি সহজে ভোলার ব্যাপার? আল্লাহ তোমায় কোটি কোটিশুকুর জানাই। হাত তালিতে মুখরিত হয়ে উঠলো কলেজ চত্বর। এই মধুর স্মৃতি এ জীবনে ভোলার ব্যাপার? যুগযুগ ধরে স্মৃতিপটে চিরস্মরণীয় হয়ে থাকবে আমার মনের অন্তরালে ,মনের গভীরঅন্তঃস্থলে । আশ্চর্য্য সকলেই কেউই প্রস্তুত ছিল না এই অভিনন্দন দেখার জন্যে। প্রিন্সিপাল অনুপমাদি আর বর্ধমানের মহারাণী আমার চিরনমস্য জীবনব্যাপী।

ছোটবেলায় যখন বর্ধমানের মিউনিসিপ্যাল গার্লস স্কুলে ক্লাস থ্রিতে পড়ি তখন একবার এই রকম একটা ঘটনা ঘটে ছিল। ভাল ছবি আঁকাতে পারতাম বলে কি ইংলিশ টিচার, কি ভুগলের টিচার সবাই আমাকে বোর্ডে ছবি আঁকতে বলতেন তবে ওনারা পড়ানো শুরু করতেন। একবার এই ভাবে পঙ্কজদি ইংলিশের টিচার গরু সম্বন্ধে পড়াবেনবলে একটা গরু আঁকতে বলেন, তার আদেশে আমি বড় ব্ল্যাকবোর্ডের সামনে গিয়ে এক টানে সুন্দর একটা গাই গরু এঁকে দিলাম। তাই না দেখে দিদিমণি খুশিতেই আত্মহারা।পাশেই ছিল পরপর টেন পর্যন্ত ক্লাস গুলি। দুলদুলে গাইগরুর ছবি দেখে, আত্মহারা হয়ে তিনি সব ক্লাস থেকে টীচারদের, এমন কি হেডমিস্ট্রেসকে ডেকে আনেন।এই ক্লাসে পোড়ো ভিটের আত্মকাহিনী লিখে, রবীন্দ্রনাথ ঠাকুরের লেখা সেঁজুতি বই উপহার পেয়েছিলাম। বিভাদী ফাংশান শেষে গল্প ,ও ড্রইং বই, খাতা, রং পেন্সিল ,তুলি ইত্যাদি বছর বছর পুরস্কার দিতেন।

১০৫) লতা ও গাছ

লতা একি তোমর দুর্মতি গাছকে জড়িয়ে না ধরলেনাই কি তোমার কোনো গতি?

এতে করে গাছের এমনকি সবার তুমি করেছো ভীষণ ক্ষতি!!

বিশাল গাছে কিম্বা ঝোপে ঝাড়েকরছো নাচ উল্লাসে তাদের মাথায়, চড়ে।

শ্বাসপ্রশ্বাস নেবে ও দেবে কেমনকরে তারা?

ওদের দৌলতে বেঁচে আছি আমরা এমনকি বিশ্ব সারাবাতাসের কার্বনডাইঅক্সাইড নিয়েবাতাস বিনা অক্সিজেন ছাড়বে কি দিয়ে?

বিজ্ঞানে অজ্ঞান বোকার যেন হদ্দজগৎটাকে উল্টাবে খেয়েছো যেন মদ্য!!

ঝড়ে গাছ যখন উল্টে পড়েগাছের সাথে নিজেরাও সব যাও মরে!

কি প্রয়োজন বেকার ওদের সবঅমন ভাবে,বোকার মত জড়িয় ধরে!!

আগে নারী সমাজ পুরুষদের পা জড়িয়ে ধরে ছাড়া,ফেলতে পারতো না এক পাও।

এখন সেই সব আগের ভুল ধারণা ভুলেমন থেকে জন্মের, মত তাদের বিদায় দাও।

তাই এগিয়ে চলেছে পাহাড়ের মনোবল নিয়ে দ্রুত গতিতে আকাশ পথে যেন প্লেন সম ধেয়ে!!

১০৬) শুখানো নদী

২৯/০৭/২০২১

আমি তো এখন মরা নদী,

হারিয়ে ফেলেছি তাই চলার গতি।

 অন্ধকারে পড়ে থাকি একা একা,

নাই সে আগের জীবন জ্যোতি।

আমার শাখা নদী বইছে যারা ,

সফল তাদের গতির ধারা।

রংবেরং না না ফুলে উঠুক ,

রঙ্গিন সাজে সেজে!!

না না গুণের, না না রুপের বিজয়

ডঙ্কা উঠুক তাদের বেজে।

তাদের সুনামে আজ আমার ,

বুকটা যাবে ভ'রে ।

জীবন্ত হয়েই বেঁচে থাকবো ,

মরেও এই জগৎ সংসারে !!

দেশ বিদেশ থেকে ফোনে ভেসে,

যখন আসে আপন প্রিয়জনের,

সুমধুর মিষ্টি কণ্ঠসুর ।

আত্মহারা হয় ফাঁকা হৃদয়,

আনন্দে হয়ে ওঠে ভরপুর।

বেশীর ভাগ আত্মীয় তো হয়েছেন

পরবাসী আমেরিকা ,ইংল্যান্ড স্পেন।

সুখেই আছেন সেখানে যাঁরা,

সুখেই যেন থাকেন সবে তাঁরা!!

১০৭) সাপ তো সকলেই দেখেছো

সাপতো সকলেই দেখেছো ? অল্পবিস্তর চন্দ্রবোড়া।

আর কালনাগিনী সাপ দেখেছো?কি অপরূপ সাজে সজ্জিত !!

কিন্তু সাবধান ওদের থেকে দূরথাকবে ,রূপে বিমোহিত হলেচলবে না।কালসাপ আর খোয়েগোখরোসাপ দেখেছো ,খুব গা ঘেঁষা ওগা ন্যাওটা। একবার ওদেরফাঁদে পা দিলে, জান বিপন্নহতে পারে, ওদের থেকে সাবধান।শীতের রাতে কখন যে এসেগা ঘেঁষে লেপের পাশে শোবেকেউ টেরও পাবে না। কিন্তু গায়ে একটু টাচ্ লাগলেই ফোঁসকরে ছুবলে দেবে। আমার জীবনেএটা ঘটে ছিল। আমি শিকারির মেয়ে ছিলাম বলে ওকে জানেমের নিজে সে যাত্রা বেঁচে গেছিলাম।আমাদের মানুষ সমাজে ওএই জাতীয় মানুষ লক্ষ্য করা যায় । সাবধান তাদের থেকে ,সর্বদা দূরে থাকতে চেষ্টা করো!!

১০৮) হানাহানী

২৯/০৮/২০২১

তোমরা যখন নিজেদের মধ্যে করো হানা হানি,

 চলো নাতো কিছুই তোমরা তোমাদের দেশের আইন মানী?

শয়তানেরা দেয় তখন শয়তানিতেতোমায় যত মদত,
উস্কানীতার হুকুমেই টানো যতরকম বেআইনি ,

শক্ত ঘানি!!

জঙ্গল দেখলেই তো ভয় পাওসেই জঙ্গলেই ফের আশ্রয় নাও?

মনটাকে তোমার করলে নোংরা ,নোংরা জলের ড্রেন,

 সেই নোংরা ড্রেনের জলেই আবারধুচ্ছো তোমার ব্রেন?

তুচ্ছ ভাবো তুমি সকলকেইআর মস্তানি তে করো
দুনিয়া জয়। ভালো কাজ করতে তুমি যত ভয় পাও,

খারাপ কাজে সব ফেলে আগেঝাঁপিয়ে ছুটে যাও।

এর ফল স্বরূপ কাঁদতে হয় শেষে ,কাঁদো তখন করে হাও মাও!!

ভালো কাজ করতে যতোভয়?ভালো কাজ কে করতেহলে জয় ,

ভাল কাজে এগিয়ে যেতে,মনে রেখো না,

কোনো রূপআশঙ্কা বা সংশয়।

পরোপকার করতে শেখোএর সুফল আল্লাহ একদিননিশ্চয়ই
তোমায় দেবেনই দেখো!!

১০৯) শুরু কেমন শেষ কোথায়

শুরুতেই ছিলাম আমি যেন ,

ফিন ফিনে এক সরু লতা ।

দিন না যেতেই হতে থাকি,পাহাড় প্রমাণ,

বাড়তে থাকি যা তা।

বিশাল গাছ অবলম্বনে আমার এই বেড়ে ওঠা,

তার পরেতে সারা গাছ জড়িয়ে

একে বারে সোজা মাথায় ধরি জটা।

সারা বনে চেয়ে দেখো একই চিত্র ,

শ্বাস প্রশ্বাস দেয় না নিতে এতই

তারা সারা বন জঙ্গলের মিত্র ।

জঙ্গলী প্রাণী বাস করে সেথা,

সবে সুখে নিরিবিলি।

বনের খোরাক খেয়েই তাদের ,

কাটে সময় এক সঙ্গে হাসি খেলি।

তার পাশেই বাস করে বিধাতার সৃষ্টি

মানুষ নামক শ্রেষ্ঠজীব গুলি।

 বিস্তারি সারা ভুবন আশা তবু নাহি

তাদের কোন মেটেরক্ত পিপাসু

এই জাত দেখ রক্ত চুষিয়া,

 সবকে কেমন করে দেয় রক্তশূন্য,সিটে।

মুখে শুধু বড় বড় বাত্‌ হৈ করেঙ্গা তৈ করেঙ্গা

আসল উদ্দেশ্য দেশকে তোদের লুটে লেঙ্গা!!

১১০) *সম্পর্ক*

বনে থাকে বাঘ মনে থাকে রাগ

গাছে থাকে ফলপ্রাণে থাকে বলচোখে ভরা জলহাঁসি গালে টোলদীঘি ভরা জলদেশ ভরা দলহাঁড়ি ভরা ভাতখিদে পেলে মানিনাকো জাত!!

জলে ডুবে গেলে যে বাড়াই হাত

চোখ বন্ধ করে তাকে দেব সাথজাত জাত করে

যাবি তোরা হেরেমা মাটির দেশেবাংলার মেয়ে এসে

বিধাতার সম্মান রাখেভেদা ভেদ দূরে রেখে।

সবার আগে মানুষ তার পরের কথা ফানুস।

ফানুস কার হাতেজ্বলবে তাকি জানোস,

বিজাতি তোরা কি মানুষ?

কি জানি মানুষ নাযত অ মানুষ ?

আমি এক পাক্কা বিজেপি আধপাকা কংগ্রেস।

একটু লালছে রং সি, পি এমকি জানি শেষে ভয় হয়

সবুজে ঘটাবে নাতোনব যৌবনা প্রেম মহাশয়?

ঝোড়ো হাওয়া ভাংছে ডাল রাস্তার লাল পলাশের

বপন করছে শিমুল গাছ

প্রয়োজন মোটা মোটা বালিশের

স্বাস ছাড়া বাঁচে কি জীবদৃষ্টি শক্তিও বাঁচায় সবুজ
গাছ প্রয়োজন কি তেল মালিশের?

তাই ভাবি গাইবো গান সবুজের সবুজ গাছের ডালে বসা
পাখিদের তালে সুর মিলিয়ে গানে গানে তাদের দেখি একটু
ধৈর্য্য ধরে কেআসে ফের ফিরেবাঁচবো না মরবো এর পরে!!

১১১) শূন্য এ বুক আমার

১৯/০৯/২০২১

ব্যারাকপুরের তিন তলারই ছাতে

ঘুম ছুটিয়ে আমার এই আঁখির পাতে

কেবলই ছোটবেলার অতীত স্মৃতি

রাজ্যের যত জীব জানোয়ার প্রীতি আমার চোখের পাতায়
এসে ভাসে আওয়াজ কানে পুরোনো কালের আসেকাঁঠাল
গাছি কোলে পাড়ার ঘোষ

বাড়িরখুঁটোয় বাঁধা থাকা গরুগুলি সব গোয়ালের।

এখন হাম্বা হাম্বা রব শুনে আজও বুক আমার ফাটে,

 মনে পড়ে রাসবিহারী দুর্গা মোড়ল শক্তিদার বাটে।

মনে পড়ে কালো গাই ক্ষেপি ধূপি গুন্ডা ম্যানা রুফাস আমার
ঘরের পশুগুলি জাগাই আমার আবসোস।বিছানায় শুয়ে দিন
কাটে না মনে হয় ফিরি আবার

ছোউ বেলার হাসি খুশী সেই স্বর্ণযুগে আমার!!

১১২) হলদে গুড়ি বৌ কথা ক'ও পাখি

০৩/১২/২০২০

বৌ কথা ক'ও পাখি দেখতে তুমি সুন্দর বটে,

বুদ্ধি কিন্তু ঘটে নাইকো মোটে।

সদাই ডাকো বৌ কথা ক'ও বৌ কথা ক'ও বৌ কি

বেশি কথা কইতে পারে ?

জানো নাকি নানা অপবাদ এসে পড়বে বৌয়ের ঘাড়ে!বৌ কেবল সংসারের কাজটি করবে মুখটি বুজে,

থাকবে কেবল মাথা হেঁট করে চোখটি বুজে !

ফেলবে পা ধীরে ধীরে কইবে কথা নীচু সুরে ।

নইলে বাঘিনী শাশুড়ি মারবে কেবল ধ'রে ধ'রে,

আজকে আমি ঘরে ঢুকে দেখলাম

তুমি জানালার ধারে বসে !

কাছে যাব বলে যেইনা এলাম ফুড়ুৎ করে

আকাশে গেলে ভেসে ।

এটাই তোমার স্বভাব খারাপ।

শুনতে চাওনা কারোরকথা !

শোনাও খালি তোমার মুখের

একই সেই বারতা !!

১১৩) শ্রেষ্ঠত্ব

০৮/০৭/২০২০

আমরা সবাই মানব জাতী সবাই ভাই ভাই ,

সৃষ্টিকর্তার শ্রেষ্ঠ জীব মোদের তুলনা নাই।

সোজা পথ বাকা পথ এ দুটি তো আছে,

এটা যে সত্য কথা, এটা জানা সবার কাছে।

যে যার পথ বেছে নেবে নাইতো তাতে মানা,

 বুঝতে তুমি পারবে না কভু যদি মনটা হয় কানা!

শয়তান তো আগে ,খোদার অতি প্রিয় ছিল, হিংসা ,বিদ্বেষ তাকে খোদার শত্রু করে দিলো।

 চাইলো না এক দন্ড তাকে নিজের কাছে রাখতে, বেহেস্ত থেকে হলো বিতাড়িত নিজের গোঁ রুখতে।

 জাত পাতের ভেদাভেদ তাই দণ্ডনীয় অপরাধ ,

তাই দণ্ডনীয় অপরাধে,বাড়িয়ো না কাঁধ।

 থাকব মোরা মিলেমিশে মানুষের পরিচয় দিয়ে সৃষ্টিকর্তা তিনি আ

পন এই বিশ্বাস নিয়ে।

১১৪) সত্যিই কি সুখি?

ঝাঁকে ঝাঁকে বক ওড়ে নীল আকাশের বুকে ,

দেখে মনে হয় যেন, ওরা কত আছে সুখে?

বিশাল গাছের বুকে ওদের সুখে বসবাস,

কোন দিনো শুনা যায় না ওদের বুকে দুঃখের নিঃশ্বাস !!প্রচণ্ড ঝড়ে যখন ভাঙ্গে গাছের বড় বড় ডাল পালা,

বক ও নানা পাখিদের হয়ে যায় মরণের তীর্থশালা।আমাদের ও মানুষ সমাজে উঠেছে আজ সেই ঝড়ও,মেঘ যেন কড়কড় রবে দেশে দেশে গর্জাচ্ছে বড়ো!!

ডালপালা ভাঙ্গার মতো স্বপ্ন দেখছে কোন কোন দেশ,দেশ ভেঙ্গে খান খান করে সুখে রাজত্ব করবে বেশ।অবুঝ মানুষজাতি ,

ভুলে গেছে একটি লতা ভাঙ্গতে,পারো তোমরা সহজেই,দশটাকে পারবেতো ভাঙ্গতে?

মাতাল দাঁতাল ঢোকে যখন ঘর ভাঙ্গারি উদ্দেশ্যে ,

সঙ্গে সঙ্গে সকলেরই একসাথে দাঁড়াতে হবে পাশে।

কে কংগ্রেস কে সিপিএম পার্টি সকল বিভেদ ভুলে লড়ি এসো আগে এক হয়ে দেশ বাঁচাবার জন্য তৃণমূলে।আগে দেশ তারপর যেন সঙ্গপাঙ্গদল,

তারা ডুবে গেলে বিভেদকারীরা ডুবিয়া মরিলে কি করবে বলো খেলে?

তাই বলি ভাই দুদিনের জন্য দুনিয়ায় এসে কেন দলাদলি,

রুষ্ট হ'লে বিধাতা মোদের এখনি নিতে পারেন তুলি!!

১১৫) সহনশীলতা

সহনশীলতা বড় গুণ মানব চরিত্রে ,

তাই এর আছেভীষণ প্রয়োজন ।

নহিলে সকলই বরবাদে যাবে ,

মানুষের জীবন যাপন।

এ কথা মাথায় রাখিয়া চলেছি সারাটি জীবন!

কিন্তু জীবনের শেষ আছে যেমন ,

যেন বন্ধুগণ বার্ধক্য আসিলে পরে,

সহনশীলতা মন থেকে লয় বিসর্জন !!

অনেকেই উপদেশ দেয়,

সহনশীলতা তুমি হারাচ্ছো কেন?

সহনশীলতা শেখো!!

বৃদ্ধবয়সে তুমি ,এই কথার মর্যাদা দিতে পারো

 কিনা সেটা মনে রেখো ।

বলা সহজ করা কঠিন,

সকলে এই সত্যটা জেনে রাখ ভাই নিজে ,

কাজে পরিচয় দিয়ে সহনশীলতা শেখাতে,

চেষ্টা করো তাই।

আমার জীবন গল্পের শেষ পৃষ্ঠায়

পৌঁছে আমি খুঁজি তায়,

নূতন করে সহনশীলতা শেখো তুমি

কোথাও কোনো জায়গাতে লেখা নাই।

১১৬) **সূর্য্যমুখী**

সূর্য্য মুখি ফুলতো দেখেছো,

দেখেছো কি তার মধুর হাসি?

আনন্দ দেই সবাইকে আনন্দ সাগরে সবাইকে

ভাসাই নিজেওয়ায় ভাসি!!

রেশমী রাণী, নামটা যার রাফিয়া সুলতানা সত্যি সত্যি সুলতান
কিনা নাইকো আমার জানা।

কোনো রাজত্বের রাজা না হলেও ভবিষ্যতের সাহিত্যর রাণী
হতে কেউ করবে না তারে মানা।

জগৎটাতো কেনা আছে জন্ম থেকেই যত সাহিত্যিক আর কবি
যতো আছে আত্মীয় চেনা।

আমার লেখা শুরু থেকেই জানিয়েছি

তাঁদের শত শত ঠিকানা।

কেউবা দাদা কেউবা দাদু কেউবা পিসি কেউবা দিদি কেউবা
মাসো কেউবা মাসি।

এই ভাবতেই ভাসছে সে দিচ্ছে,

মোদের আনন্দেতে ভাসি।

ভাষা অতি সহজ সরল ,

নাই কোন ব্যাপার ,

বুঝে নিয়ে নিজের আয়ত্বে আনার।

বইতো হয়েছে শত শত প্রকাশ ,

সম্মান সার্টিফিকেট ফটোই আলমারি

সব ভরা, সাক্ষী যত যেন সবই তারি।

আরো চলো মা গো ,

ভবিষ্যতে আরও উন্নতির দিকে ,

তাকিয়ে চলো আর ভরো।

ভরসা রাখো তোমার ,

সাথে আল্লাহ আছেন আরো।

আল্লাহ কখনো ইচ্ছা,

অপূরণ রাখেন না যেন কারো!!

১১৭) সাংসারিক জীবন

সাংসারিক জীবনে সাফল্য মণ্ডিত হয়েছি। আমি চেয়ে ছিলাম জীবনসঙ্গী হিসেবে একজন ইংলিশের প্রফেসারকে। অভিষ্ট সিদ্ধ ও হয়েছিল। সম্বন্ধ এসেও ছিল অনেক যেমন ডাক্তার, ইঞ্জিনিয়ার, ট্রেনের ড্রাইভার কিন্তু শেষ পর্যন্ত ইংলিশের প্রফেসার জুটল কপালে আল্লাহর কাছে যা চেয়েছিলাম। এর কারণ হচ্ছে আমার শ্বশুর মশায় শিশুকালেইপিতৃহীন হন। কাজেই তাঁর পড়াশুনা নামি রাজবাড়ীর খোসবাগানের রাজার উকিল বাদরে আলমের বাড়িতে। উনি ঐ বাড়ির পাশের বিরাট দলিজের এক কামরায় থাকতেন। বাদরে আলমরা সাত ভাই ও এক বোন। বোনটির কোলকাতার মেয়র নাসির উদ্দিন সাহেবের সাথে বিয়ে হয়। কাজেই যখন জানলেন আমি ঐ বাড়ির মেয়ে বাবারা সৈয়দ বংশের উচ্চ ফ্যামিলির তখন আর পিছপা হলেননা । বলেন আমার মেজ ছেলে গোলাম রেজ্জাক সাঁইথিয়া কলেজের ইংলিশের অধ্যাপক, পূজারছুটিতে কাশ্মীর বেড়াতে গেছে আসলে ফেব্রুয়ারির দুই তারিখে বিয়ের দিন ধার্য করলাম নড়চড় হবেনা।শ্বশুর আমাকে নিজের মেয়ের মত স্নেহ করতেন। আমার সেবা খুবই পছন্দের ছিল। আমিও খুব সেবাযত্ন করতে ছোট থেকেই পটু ছিলাম কিছুই খামতি থাকত না। একটি মেয়ে জন্ম নিল বিয়ের এক বছরের মধ্যেই। বিয়ে হয়েছিল ফেব্রুয়ারির দু তারিখে।পরের ফেব্রুয়ারির তিন তারিখে জন্ম নিল কোল আলোকরে সেই ফুটফুটে মেয়ে রেশমী, মায়ের দেওয়া নামরুমা। আমার একট ননদ ছিল। ওরা ছিল চার ভাই বোন।

বড়ো ছেলে গোলাম মোস্তফা, পি পি, সিউড়ী,কোর্টের উকিল! সিউড়ী বিদ্যাসাগর কলেজের কমার্সের টিচার, উনার স্ত্রী ছিল মুর্শিদাবাদের জমিদার কন্যা। ওঁরা নিঃসন্তান ছিলেন মেজ ভাই গোলাম রেজ্জাক ছিলেন সাঁইথিয়া কলেজের ইংলিশের প্রফেসার, সিউড়ী কালিগতি মহিলা কলেজের ইংলিশের পার্ট টাইমার । ওনাদের ছোট ভাই গোলাম রহমান ডাক নাম বাচ্চু। ও সাঁইথিয়া অভেদানন্দ ঐ একই কলেজে ইতিহাস পড়াত।ও বড় ভাবির মত আমার বাচ্চাকে আমার কাছে আসতে দিত না ।সব সময় নিজেদের ঘরে আগলে রাখতে চাইত। না হলে সময় অসময়ে বাইরে সাইকেলে করে কিম্বা কাঁধে করে কাছেই ছোট মামা শ্বশুরের বাড়ি ছিল সেখানে,নিয়ে যেত। আমি ছোট থেকেই সময়ের কাজ সময়ে করতে ভাল বাসতাম। কাজেই বাচ্চা কেও সময়ে লাওনো খাওনো পছন্দ করতাম। এক দিন সকালে গা ধোয়ানোর জন্য বাচ্চার গায়ে তেলমাখাচ্ছি হঠাৎ বাচ্চু এসে নেংটা তেল মাখা অবস্থায়ওকে ঘাড়ের দুদিকে দুই পা ঝুলিয়ে নিয়ে চলে গেলআমি কি করি বাধা দিলে পর মনে করবে তাই অগত্যা চুপ করে রেলিঙে ঘন্টাখানিক অপেক্ষা ছাড়া কী বা উপায়। মোটামুটি দিনগুলি বেশ শান্তি তেই কাট ছিল ।বিপর্যয় সৃষ্টি হলো বাচ্চুর বিয়ের পর থেকে। বর্ধমানের হসপিটালের কাছে ছোট মামা শ্বশুরের বন্ধুর মেয়ের সাথে বাচ্চুর বিয়ের সম্বন্ধ হয়।আমি খুব খুশি কারণ আমার বাড়ী বর্ধমান ওরবাড়িও সেই বর্ধমান ,আমাদের মধ্যে খুব মনের মিল থাকবে। কিন্তু কপালের কি ফের, ঘটল এর বিপরীত, শাশুড়ি ,শ্বশুর আমায় খুব স্নেহ করে বলে আমার দুই জায়েরই বেজায় হিংসা ,বিদ্বেষ আমার উপর। বড় জায়ের ছেলে পেলে ছিল না, আমার ছোট মেয়েজন্মালে উনি বললেন তোমার তো ছোট মেয়েটা হয়েছে আমায় বড় মেয়ে রেশমীকে দাও। ওর সমস্ত দায়িত্ব লেখাপড়া থেকে, আরাম্ভ করে ভাল পাত্র দেখে বিয়ে দেওয়া পর্যন্ত সব দায়িত্ব পালন করব ।তাই কি দেওয়া যায় , নিজের ছোট বাচ্চা ছেলেকে, পরের হাতে

তুলে? তা ছাড়া উনার বাড়ি হল সনাতন পাড়ার আর,টিস্কুলের কাছেই আর আমাদের বাড়িটা ছিল একটু ভিতরের দিকে। ওর আব্বা আর বাড়ির অন্যান্য দের তো মতামতের প্রয়োজন আছে। উনি চাইলেইতো আর হবে না। তাই উনি আমার শত্রু হয়ে দাঁড়ায় এবং আমার ছোট জায়ের গলার মালা হয়ে উঠলেন।আমার বাড়িতে আসলেই ছাদে উঠে আমাকে নিয়ে চর্চা করতে শুরু করে দিতেন। আমার মন খুব খারাপ করত। কিন্তু উপায় নাই, নিজের ছেলেকে পরের হাতে তুলে দিলে যে কি বিপদ সে অভিজ্ঞতা আমারভুরিভুরি জানা আছে। মেজবুবুর শ্বশুর বাড়ী ছিল কোলকাতায়। সৈয়দ বংশের উচ্চ ফ্যামিলির। মায়েরদুই মেয়ে এক ছেলে, ছেলে দুবাইতে প্লেনে চাকরি করত। মায়ের কোলকাতার নিজের একটা ছোট স্কুল খুলে নিজেই ছেলেদের ঊর্দু পড়াতেন উনি ছিলেন অবাঙালি মুসলমান।বড় মেয়ের ভাশুরেরছেলের সাথে বিয়ে দিয়ে ঘর জামাই করে নিজের বাড়িতে রেখে ছিলেন। মেজমেয়ে কে কাশ্মীরের এক শাল ব্যাবসায়ির সাথে বিয়ে দেয় তাঁর কোনবাচ্চা কাচ্চা হয়নি তাই বড় বোনের মেয়ে মানুষকরেন, মাঝে মাঝে কোলকাতায় আসলে সঙ্গে মেয়েটিকে নিয়ে আসত। ওর কোন অভাব নাই তা সত্তে ওএই মেয়ে মায়ের দামি জিনিস ব্যাগ ভোরে নিয়ে পালাত এটা আর কিছু না মাতৃস্নেহ থেকে বঞ্চিত হবার পরিণতি। এই রকম ভুরী ভুরী ঘটনার সাক্ষী আমি আমার মেয়ে দিতে পারি নাই বড় জাকে তারই দুঃখে সব দেব বলেও নিজের প্রতিজ্ঞা ভঙ্গ করেঘর বাড়ি অন্য প্রতিবেশীকে দলীল করে দেন। এতেআমার মেয়েদের কিছু যায় আসেনি তারা আল্লাহর রহমে সুখেই ঘরকন্না করছে।

১১৮) *স্পর্শকাতর*

১৬/০৭/২০২১

বাগানের শত শত রকম বিচিত্র ফুলের সাথে ,জুঁই,বেলি, গোলাপ কখনো কি দেখেছো নিজেদের গুণ নিয়ে অপরের সাথে দলাদলিতে এতো মাতে?গুণ আছে তাই গুণীরা কখনো প্রতিদন্দিতায় না নামেকেয়া, ফুলের গন্ধ সুমধুর ফুল বাগানে রাখে ক'জনায়কাঁটাই ভরা কেয়াগাছ বনেই সুন্দর দেখায় আপনায়বুলবুল পাখির শীষ কি মধুর গানশোনার জন্য পোষে, ক'য় জনা?বনের ফল ছাড়া আর কিছু খায় না,এইদোষে!মানুষের সভা দেখ গমগম,কিন্তু পার্টিতে পার্টিতে বিবাদএটাই হলো মানুষের চিরকালীন মজ্জাগত স্বভাব!! সারা দুনিয়ার দেশের মানুষ ,কত রঙ্গে কত ভাষায় কথা বলে তারা তবুও স্বভাবে কোথায় যেন মিল হয়ে যায়।স্কুলে হিন্দু,বন্ধু ইলা শোভা,খৃষ্টান বন্ধু কল্পনা,কলেজেটিচিং লাইফে ইংলিশ বন্ধু ,এ্যলিজাবেথ বার্টলেএই ভাবেই কত যে বন্ধু ছিল আমার যেন কলেজ!তাই মানুষে মানুষে জাতপাত ভেদ কোথা থেকে জোটেহাজার চিন্তা করে ও সুরাহা করতে পারি নাকো মোটেভুলো নাকো তাই কোনদিন পৃথিবীতে যার যেথায় বাসমোরা সকলে এক ইভ মায়ের গর্ভেই নিয়েছিলাম আবাস ইসলাম ধর্ম বলে আদম ও মা হাওয়া গর্ভজাত মানুষতাই ভুলেও মানুষ ভাইয়েরা করোনা জাতপাতে হানাহানিএকদিন শেষে ধরনীর খেলা চুকিয়ে বিধাতা নেবেন টানিজবাব,দিহি করিতে হইবে তাঁর কাছে আমাদের কর্মেরএটাই বিধি - বলা আছে সব রকমের বইয়ে ধর্মের ।জানি মোরা একদিন হঠাৎ তলিয়ে যাবো নিজ অজান্তেপ্রিয়

জগৎপতি চাহেনা মানুষ পড়ুক বেশী ভোগান্তে। প্রতিমুহূর্তে অনুভব করি তুমি বিরাজিত আমাদের মাঝে প্রতিটি সময় অনুভূত তুমি পাশে আছো প্রতিটি কাজে। এক বিষধর সাপ বিছানে রাত্রে আমার শোয়ার কালেদিব্ব শুয়ে একটু স্পর্শেই উঠিস যখন তখন জ্বলে!!ভয়েতে জড়োসড়ো আমি বল্লোমে পাঠালাম মৃত্যু সেলেকি জানি এই ক্ষণে আল্লা কি পাঠাবেন দোজখের জেলে আহা এই হিংস্র প্রাণীর মৃত্যুর হাত থেকে বাঁচলো যত ছেলে.তাহলে দোষি বলে আল্লার কাছে ধরা পড়বো গো আমি?

১১৯) শেষ কথাটি মোর যাও ওগো শুনে

০১/০২/২০২১

মেজ ফুপা মালদার নামি আয়ুর্বেদী কাজী ডাক্তার আল্লাহর ডান হাত।তাঁর এক পুরিয়া ওষুধ খেলেই রোগী বেঁচে যেত কলেরার হাত থেকে নির্ঘাত।তাঁর ছেলে বদ্দোরদোজা ও রেখে ছিল পিতৃপুরুষেরনাম ডাক ডাক্তার হিসাবে অগাধ।ঢাকার বিখ্যাত জমিদার গিন্নী ছিলেন ন ফুপুহবিবা খাতুন হাস্যরসিক, লোককে হাসিয়েপিলে ফাটিয়ে করতো খানখান ।সেজ ফুপু ছিলেন পান্ডুয়ার বিখ্যাত জমিদার গিন্নী।ছোট ফুপু ছিলেন কোলকাতার হাই মাদ্রাসার ইমামসাহেবের গিন্নী উনিও ছিলেন হাস্যরসিক বেদম।কোলকাতার রেডিও ডিরেক্টার জীল্লুর রহমানছিলেন আব্বার মামাতো ভাই।করিৎকর্মা মায়ের, চাচাতো বোন (ছোটচাচা আমিরুল ইসলামের মেয়ে)বলে, অম্বুজা খাতুনকে জীল্লুর রহমানের বৌ বলে পছন্দ করেন তাই।ফটিক ছিল মায়ের রাকু চাচার প্রথম সন্তান।ফুডবল খেলার সে যুগের ছিল বিখ্যাত চ্যাম্পিয়ান।আক্রশের শিকার হয়ে বুকে বলের আঘাৎ লেগেচলে যেতে হয়ে ছিল অকালে এ দুনিয়া হতে ভেগে।সে যুগে মেয়েদের পড়াশোনা শেখাটাই ছিল মহাপাপএই ভাবেই যে কত মেয়েদের জীবনে নেমে এসে ছিলকত বড় মহা অভিশাপ !!শ্লীলতা হানির জন্য সে কালীন অধিকাংশ ছেলেহয়ে থাকতো উদগ্রিব।তথাপি সেই মৃত্যু শয্যায় শায়িত অবস্থায় সে, হাত দুটি ধরে কাকুতি মিনতি করে তার আব্বাকে ব'লে আমার জন্য যত খরচ করতে ,বেঁচে থাকলে -আবার,সেই টাকা যেন খরচ করেন ,বোনদের পিছু জন্যপড়া

শোনার।মৃত্যুশয্যায় শায়িত পুত্রের কথা ফেলতে পারেননাই বাবা,শত বাধা বিপত্তি অতিক্রম করে মেয়েদেরতাঁর পেয়েছিলেন শক্তি পড়াবার।তাঁর পথ অনুসরণে পরবর্তি জেনারেশান অবলীলাক্রমে মেয়েদের সুযোগ পেয়ে ছিলেন লেখাপড়াশেখাবার ।এই ভেবেই কি মুসলিম, কি হিন্দু ,মেয়েদের উন্মুক্তহয় শিক্ষার দুয়ার ।তারই ট্রাডিশান চলেছে আজ পর্যন্ত এবং চলবেওযুগযুগ ধরে !!ধন্যবাদ জানাই অন্তর থেকে আমি সেই পূর্বসূরীদেরে!সেই ভাবেই আমরা তিন বোনে গ্রাম থেকে রোজট্রেন ধ'রে দেখিয়ে ছিলাম কি করে পড়াশুনা করে!!সে কালীন মেয়েরা ,এগিয়ে এসে ছিল, আমাদেরইহাত ধরে।

১২০) শেষ যাত্রা মরণ যাত্রা

২৫/০৭/২০২১

এক দিন তো যেতেই হবে,যতই থাকুক ব্যাঙ্ক ব্যালেন্স।মাটির নীচে যে মাটির ট্রাঙ্ক,তারা তোমার অপক্ষায় সাইলেন্স।

সেখানেই কাল কালামৎ,বাস করতে সবাইকে হবে।

যতই থাকুক না বাহুবল,যতই থাকু তোমার হিম্মৎ ।বাদশাহ ফকির মোরা তাই,একই কথা বলি একই সুরে তাই, সবে গান গাই ,মোরা চির দিন রবো ভাই ভাই ।তোমরা সবাই চলো, আজ শান্তিতে ঘুমাই,আমি আজ ছুটি নিলাম এবার তাই বাড়ি যায়?

১২১) পুরনো স্মৃতি

০৩/০১/২০২১

পুরনো স্মৃতি চর্বিতচর্বন করতেকার না ভালো লাগে?সেই আলোচনাই করছি আমিতৃপ্তি পাবার আশে।বর্ধমানের সরাইটেকর আরকাঁকসা নামক গ্রামসেই খানেতেই মায়ের আমার সৎদাদির পিতৃ পুরুষের ধাম।বড় মা ছিলেন মায়ের সৎদাদীতাতে কি বল যায় আসে?সেই ভাল আমার কাছে যেসব চেয়ে ভালবাসে।

মায়ের দাদি জমিদার গিন্নীমেজাজটা ছিল চড়া!

তাতে কি ক্ষতি ,আমি ছিলামতাঁর আদরের এক সবার চেয়ে বাড়া।

পানের বাটা এগিয়ে দিয়ে,আদর খাওয়াই এক মাত্র আমার কাজ,মীরা খালা ,বড়বুবু,মেজবুবু ছিল,তাঁর কাছে মাথায় পড়া সম বাজ।তাদের সেই মাতামাতি আর ছুটোছুটি খেলা-করতেন না উনি একেবারেই পছন্দ।

এই নিয়ে সদাসর্বদা লেগেই থাকতো দ্বন্দ্ব।

ছোট নানী,মায়ের ছোট চাচি,উনি ছিলেন বেজায় খুঁতখুঁতে বায়গ্রস্থ,নাক সিঁটকিয়ে ঠোঁট উচিয়ে থাকতেন সদা ব্যস্ত।

কিন্তু কিন্তু আমায় ভারি বাসতেন ভালো,আমায় যেন ভাবতেন সর্বদা তাঁর চোখের আলো।

বাচ্চা মেয়ের ছেলের চেহারা এটাই মস্ত কারণযত কিছু খাবার

তৈরি করে রাখতেন শিকেয় তুলে,

দিতেন তা আমায় খেতে স্নেহভরা কোলে তুলে।

আমাকে ভালবেসে ডাকতেন বলে কাকাবাবু,মীরা খালা আর
দুই বুবুকে ধমকে করতেন কাবু।

১২২) হে আমার সৃষ্টি কর্তা

হে আমার সৃষ্টি কর্তা ও প্রতিপালক আল্লাশান্তির পারাবার তুমি ,তুমি শান্তির পারাবার!!

যত মত তত পথ দেখিয়ে দিলে ,

দিলে ধর্ম পুস্তক পবিত্র কোরআন,

সামাজিক গ্রন্থ উপহার দিয়ে আস্তক যে যার ধর্মে পবিত্র অন্তঃকরণে ডাকলেই তুমি দাও সাড়া অনড় এই বিশ্বাসের একজন যে আমি। তোমার সৃষ্টি জীবে দয়া করলেই তুমি খুশী থাকো,তার বিনিময়ে আমাদের কতো সব সুখে তুমি রাখো।

বিনা কারণে বা প্রয়োজনে একটি ঘাস পাতা ছেঁড়াঅনুমতি নাই তোমার বিধানে,

আমরা জানি না ভেড়া।আয়ূব ,ঈশা ,বুদ্ধদেব শেষ আমাদের প্রিয় মহানবী মানুষের তরে সারাটা জীবন ত্যাগ করেছেন সুখ সবই।

কেউ উপদেশ দিয়ে ছিলেন ঈশ্বর প্রদত্ত পথের কেউবাসরা সরি ঈশ্বরের সাথে মগ্ন হতেন তাঁর পরামর্শ নিয়েঈশ্বরের অমতেও তাঁকে দেখা তরে ফেল্লেন জ্ঞান হারিয়েতিনি ছিলেন পয়গম্ব ঈশানবী,ফুঁ দিয়ে কুষ্ঠরোগ দিতেন সারিয়ে,সন্তানহীনাদের গর্ভে তাঁর পবিত্র ঈশ্বরের আরাধনায়শূন্য কোলে সন্তান দিয়ে অপার আনন্দে মন তুলতেনভরিয়ে।

সাতখানি কন্যাসন্তান জন্ম দেয়ায় স্বামী অত্যাচারিত

মাকাঁদিয়া আকুল নবীর কাছে জানালেন তার যন্ত্রণা কন্যাকে পুত্র বানিয়ে সফল করলেন লিঙ্গ পরিবর্তনে,আল্লার এই বিপুল ক্ষমতার কথা আমরা রাখবো মনেঈশ্বর তাঁর কাজ সিদ্ধ হলে নিলেন তুলে তাঁকে স্বশরীরেসেই উদার আল্লাহ আমাদেরি অবাধ্যতার বহু নজীরেকোন সম্পর্ক রাখিতে নারাজ, হয়েছি অবজ্ঞার পাত্রজীবন দিয়ে ,খাওয়া পরা দিয়ে রেখেছেন দয়ায় মাত্র।